# Origami per bambini ...

Preparatevi a un'esperienza unica attraverso

76 modelli originali.

I modelli sono classificati da 1 a 3 stelle (1 stella=facile/3 stelle=difficile)

I nostri origami sono adatti per i principianti

a partire da 8 anni e per gli adulti.

I vostri commenti danno vita ai nostri libri

Grazie per avercene lasciato uno e non esitate a

seguirci per scoprire nuove esperienze di fai da te.

© Passione DIY

Qualsiasi riproduzione, in tutto o in parte, in qualsiasi forma, è vietata senza il previo consenso dell'autore.

Contact
elizahobita@gmail.com

## Origami

da oru, "piegare", e kami, "carta", cambiata in gami è l'arte di piegare la carta. La parola deriva dal giapponese.

Quest'arte risale al VI secolo ed è ancora oggi molto popolare.

Ideale per sviluppare la creatività e la concentrazione nei bambini, ma anche un ottimo antistress per gli adulti.

Se avete domande o suggerimenti, non esitate a contattarci all'indirizzo: elizahobita@gmail.com

## Materiale necessario

**Forbici**

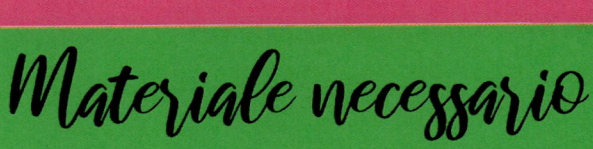

Fogli di carta: o semplici fogli di carta bianca da colorare o fogli di carta bicolore 20cmx20cm.
Per alcuni origami (barche e aerei) avete bisogno di fogli rettangolari, preferite fogli bianchi A4 che colorerete.

**Pennarelli**

Per gli occhi si possono fare con un pennarello o comprarne un po "Adesivi Occhi Tondi Mobili" per una resa più realistica.

 Suggerimento: fare pratica su carta bianca classica

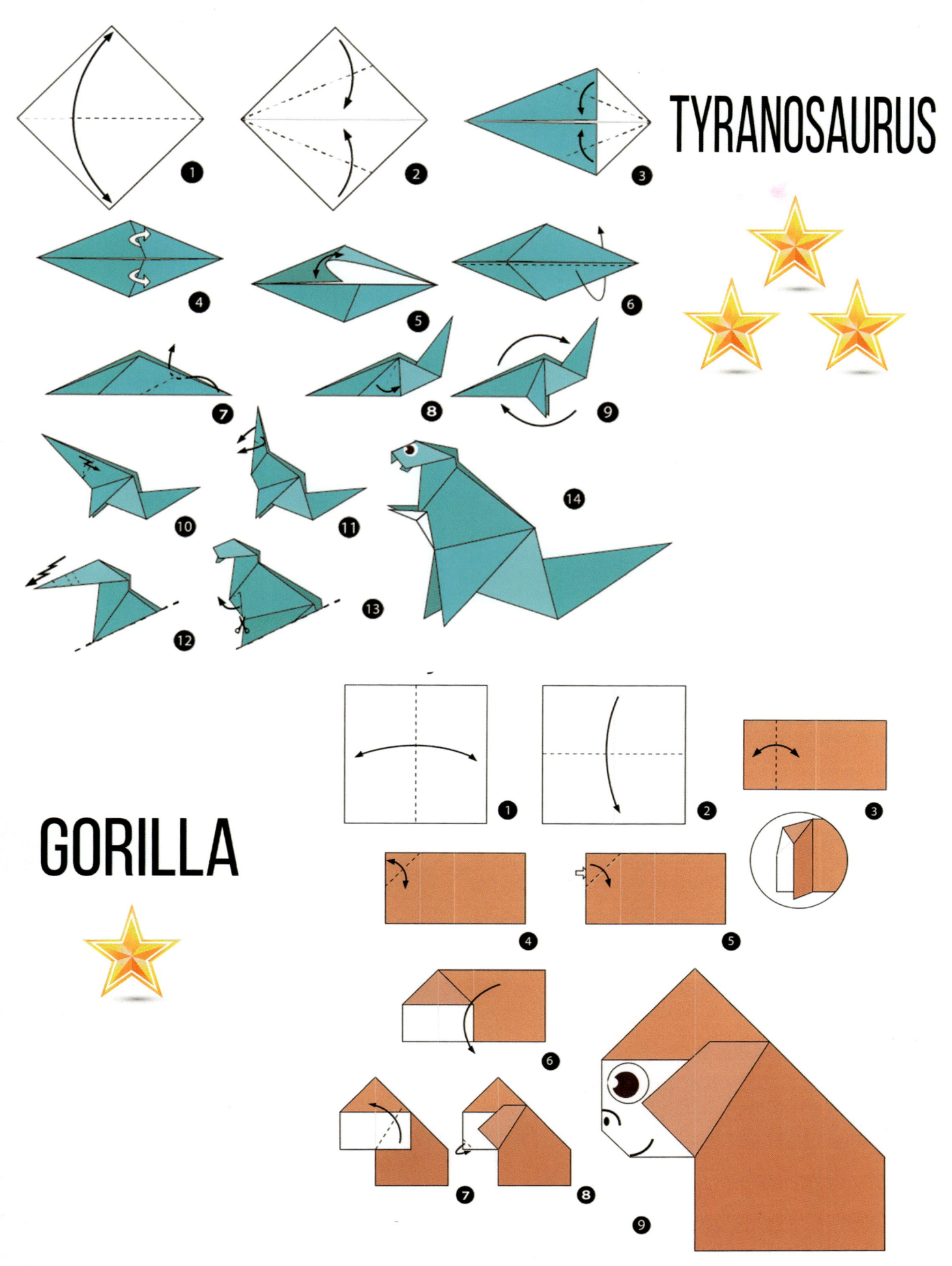

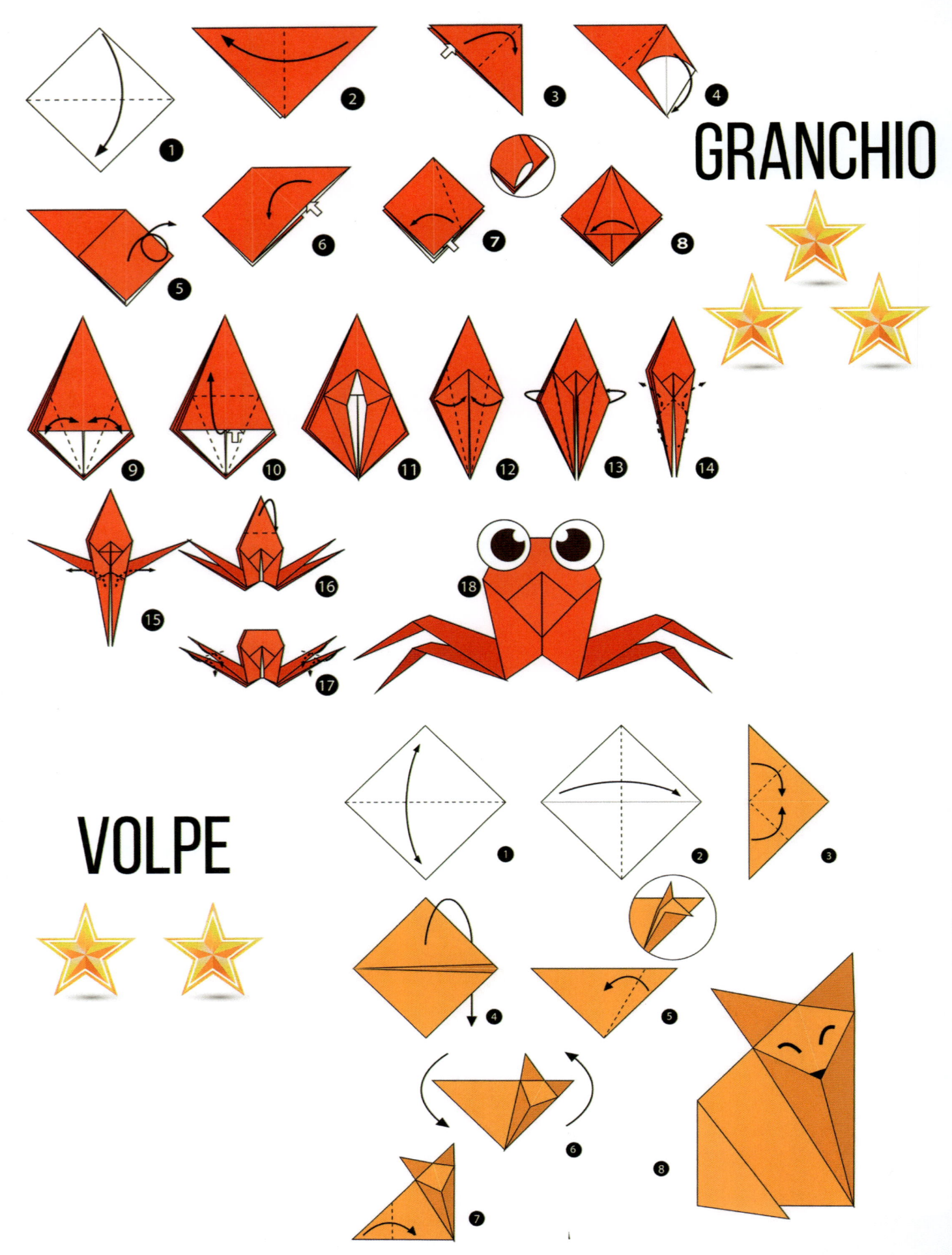

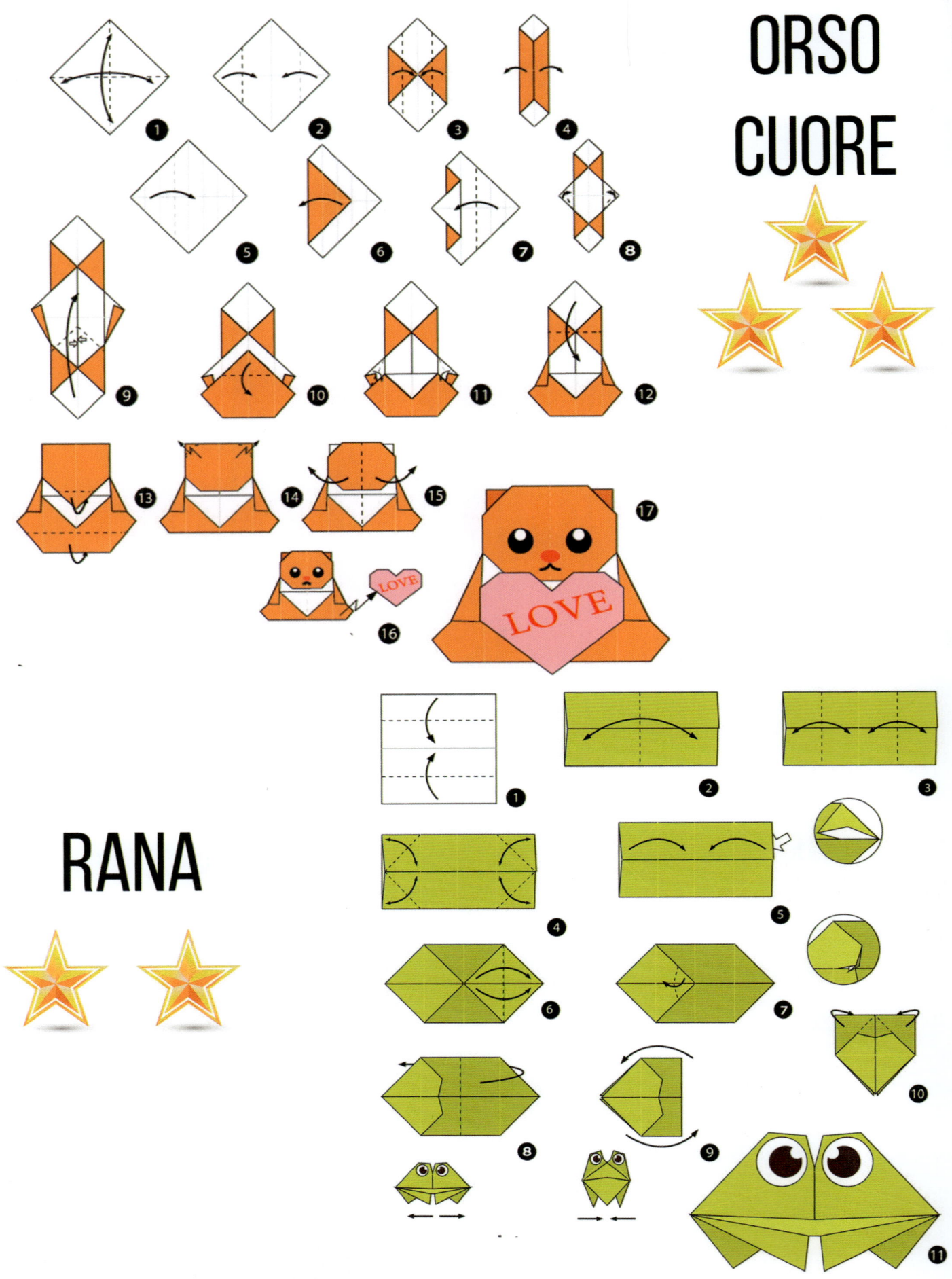

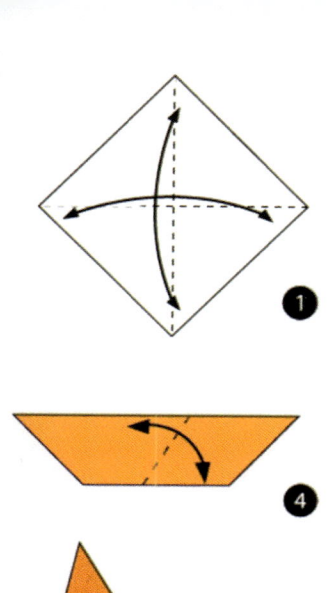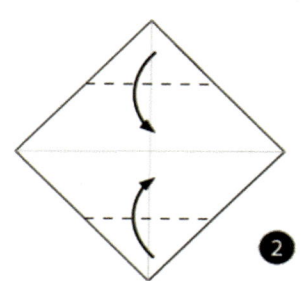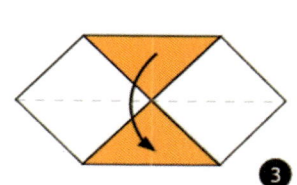

# SOPPORTARE L'AMORE

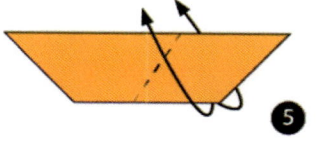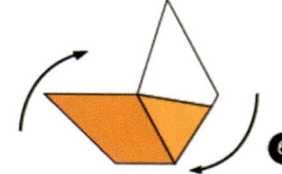

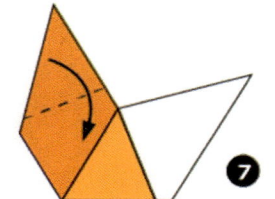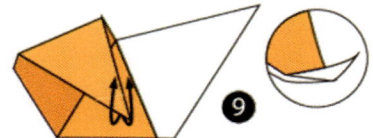

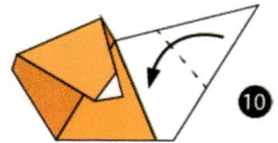

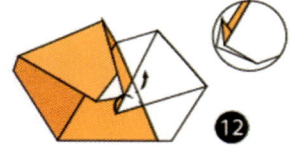

## BULLDOG

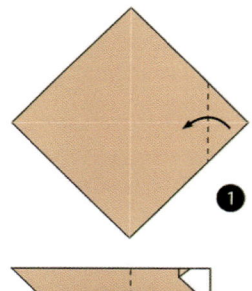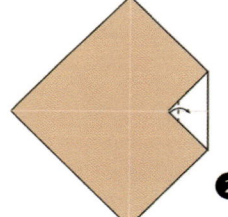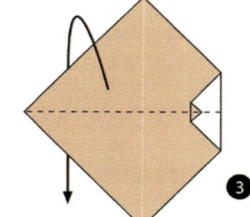

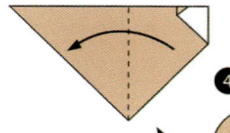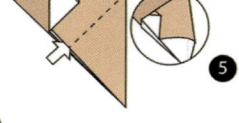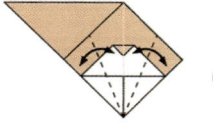

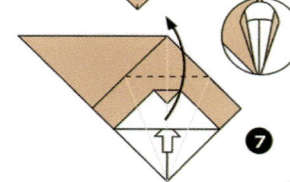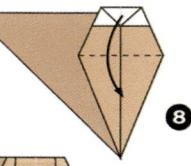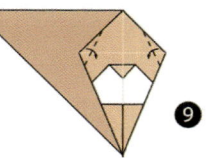

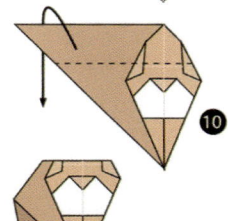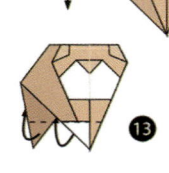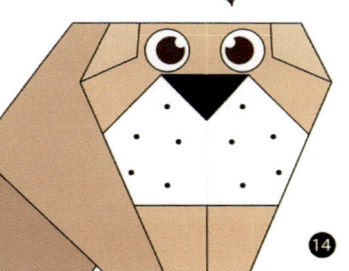

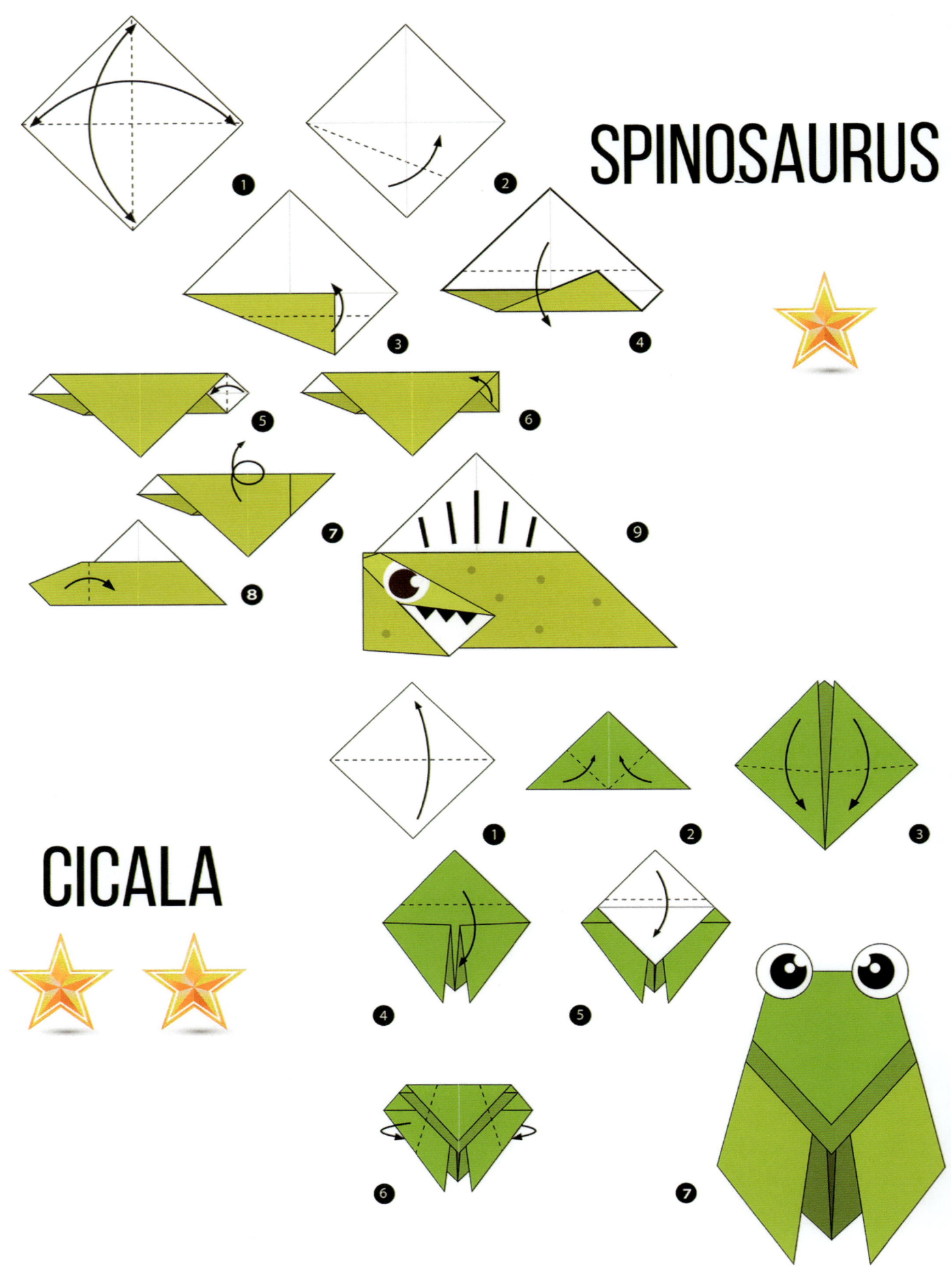

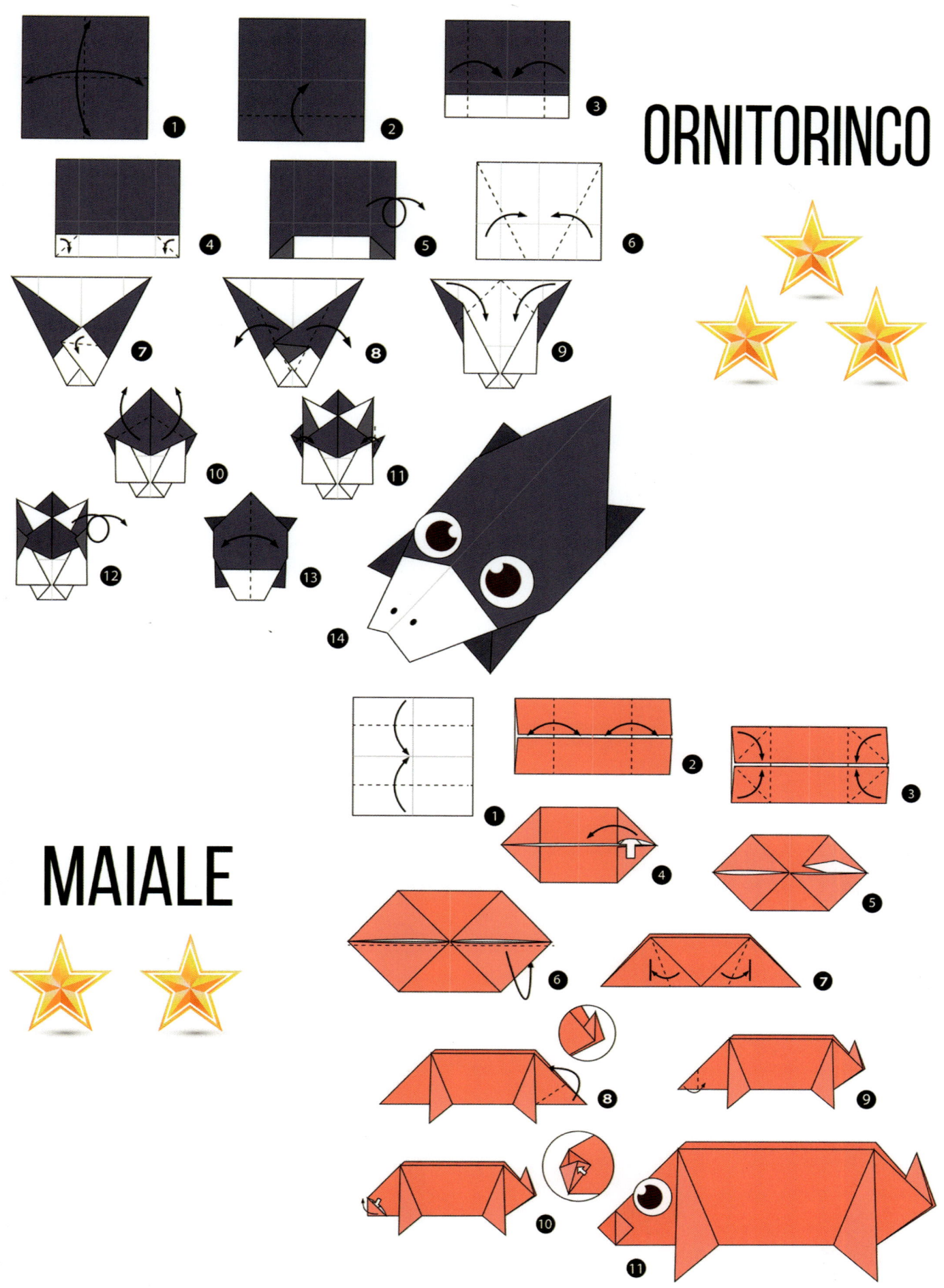

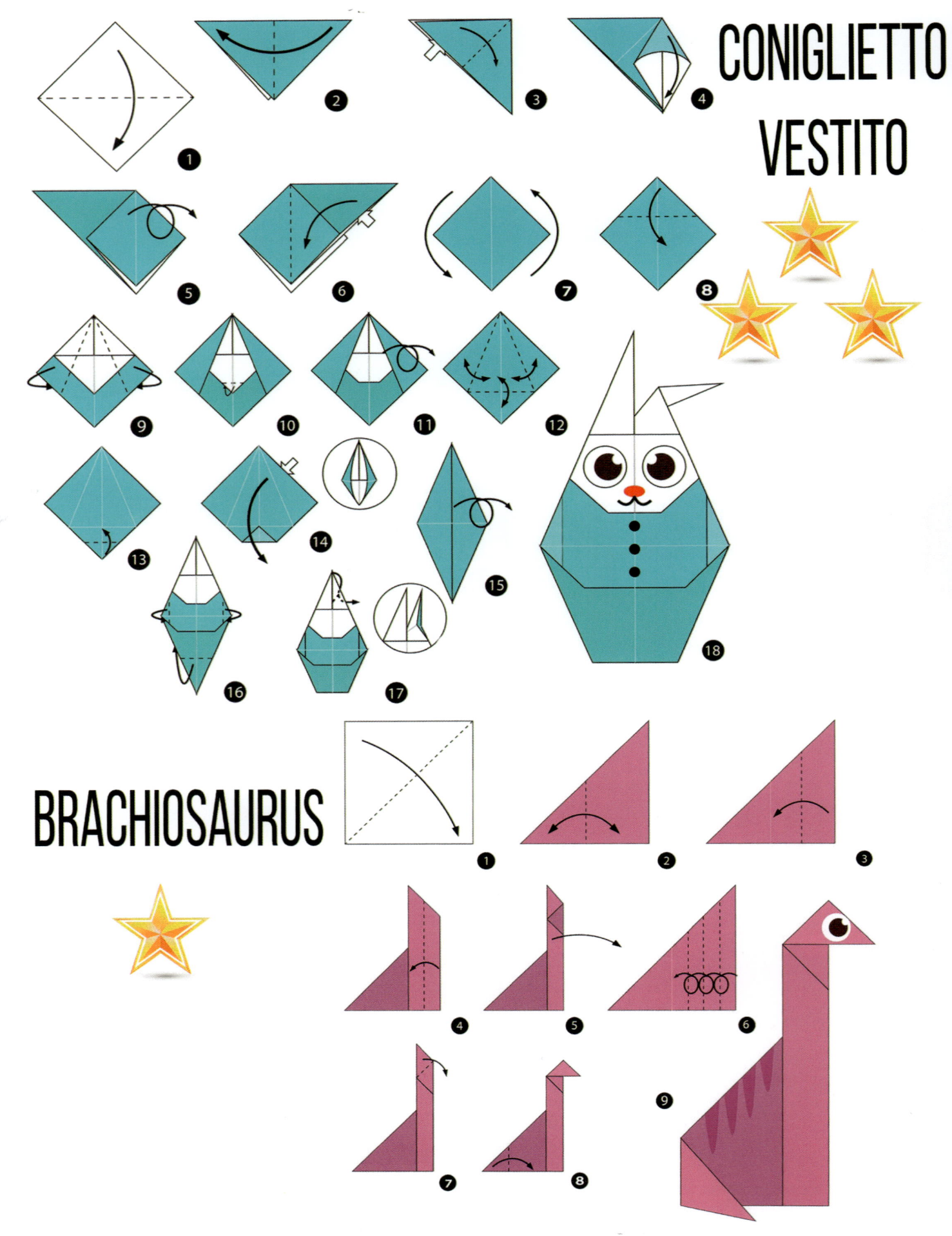

# PROCIONE

# CUCCIOLO

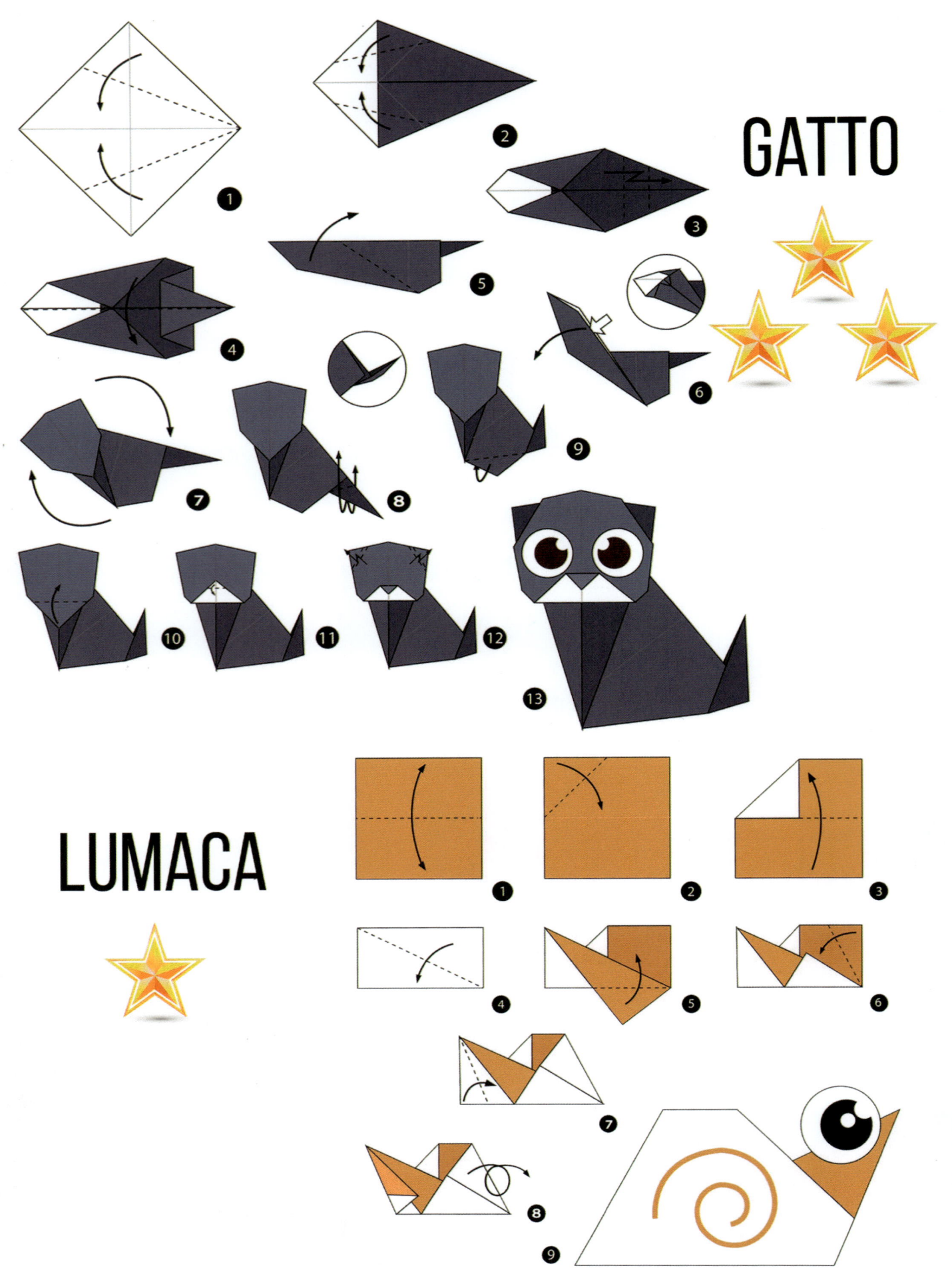

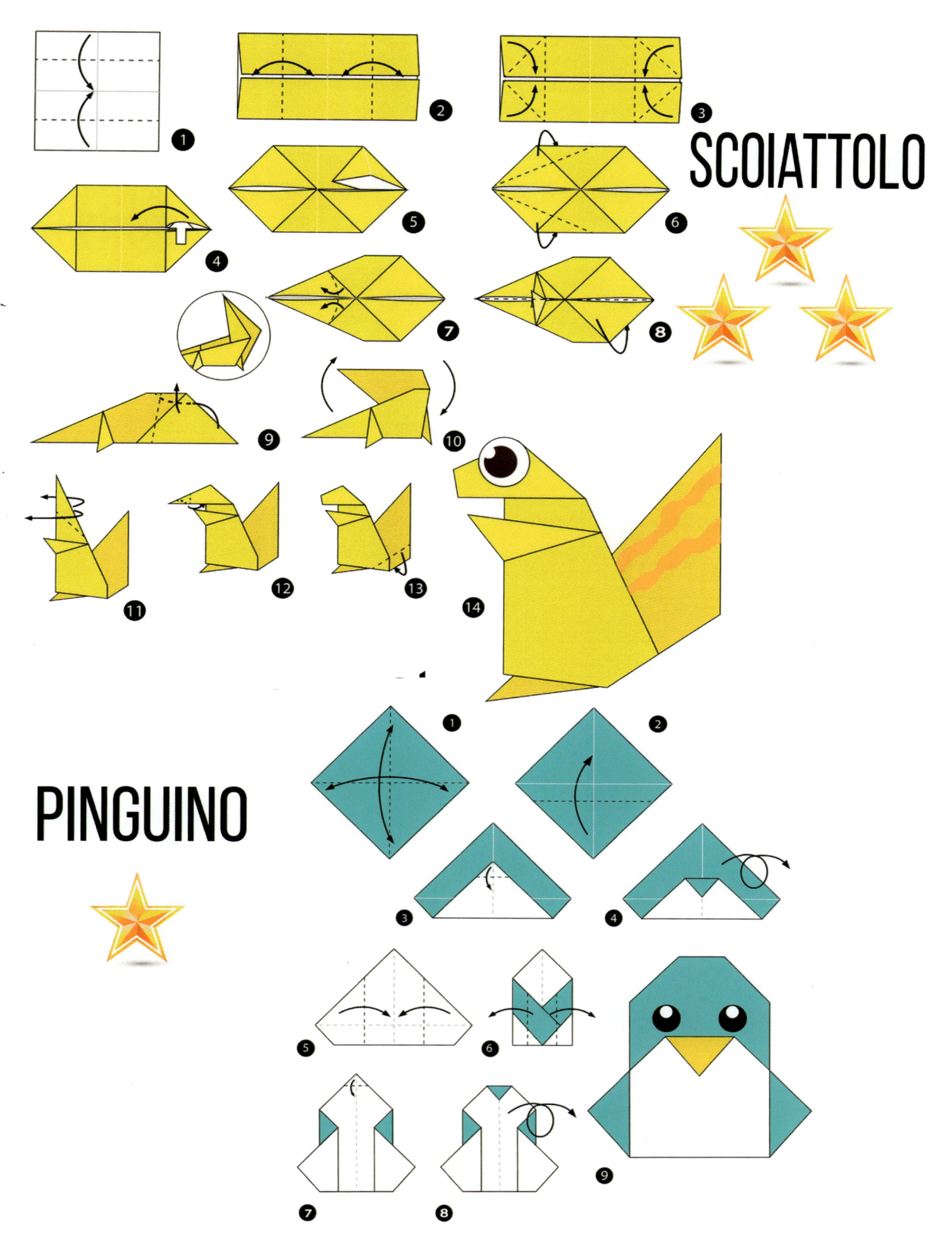

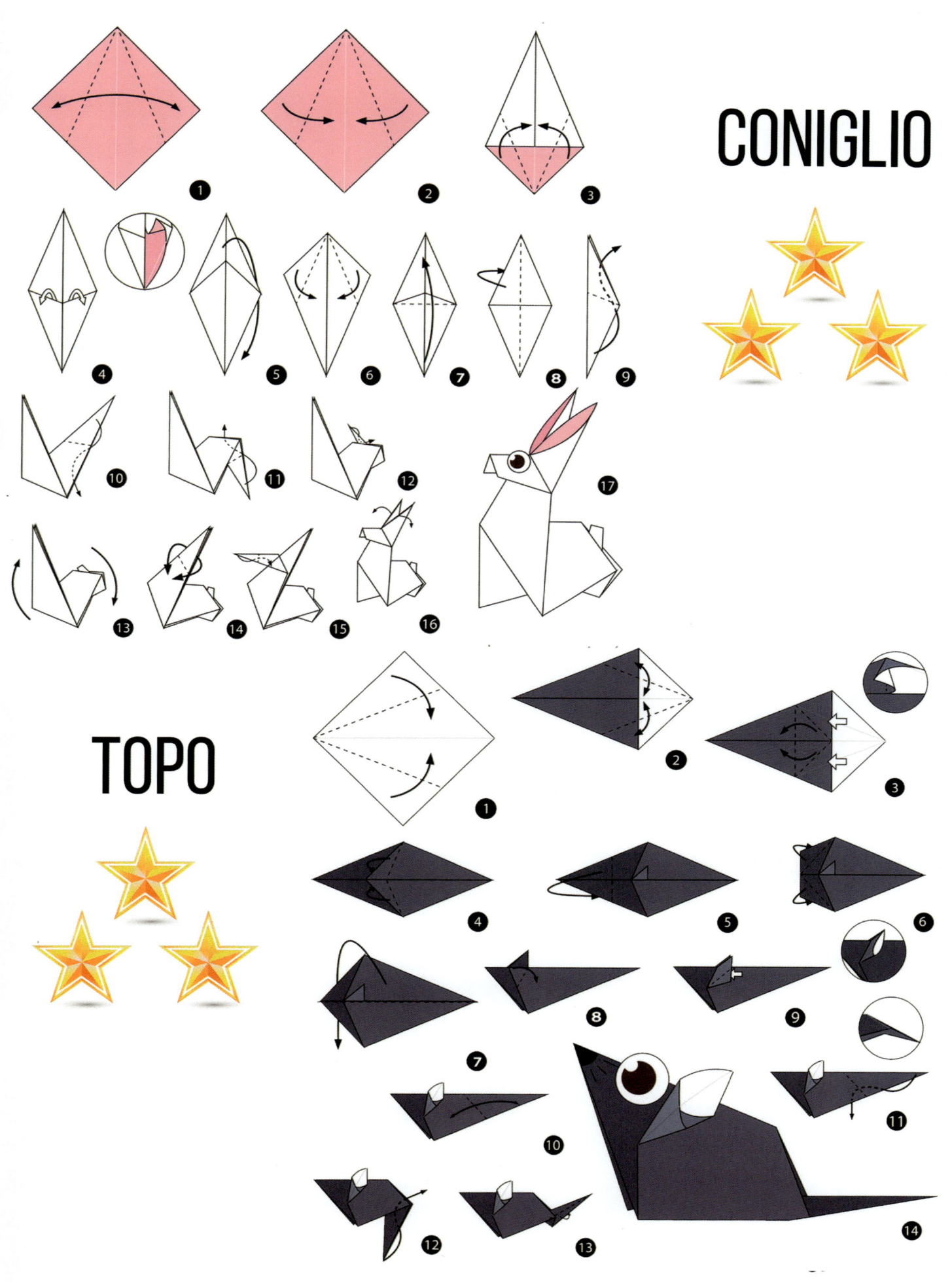

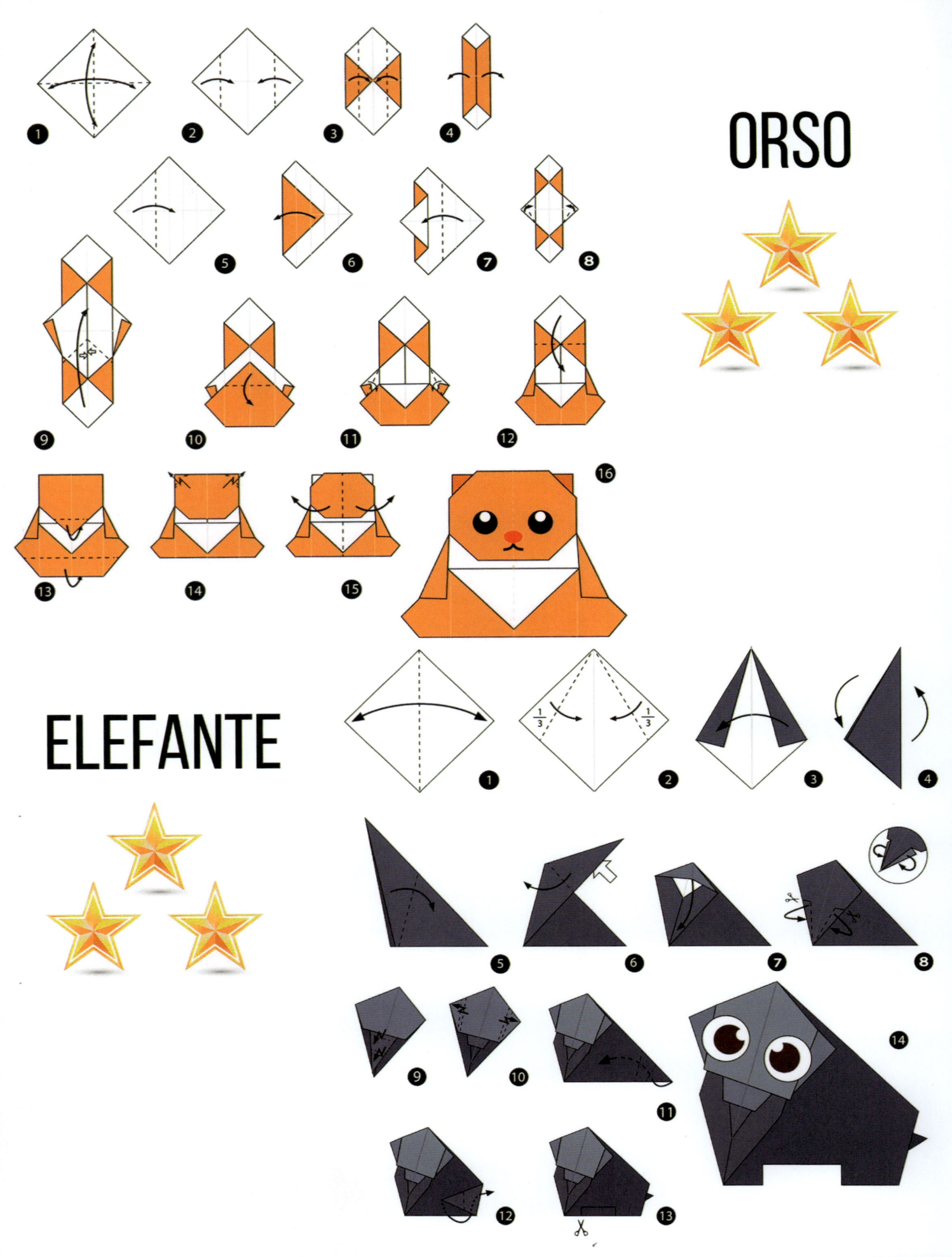

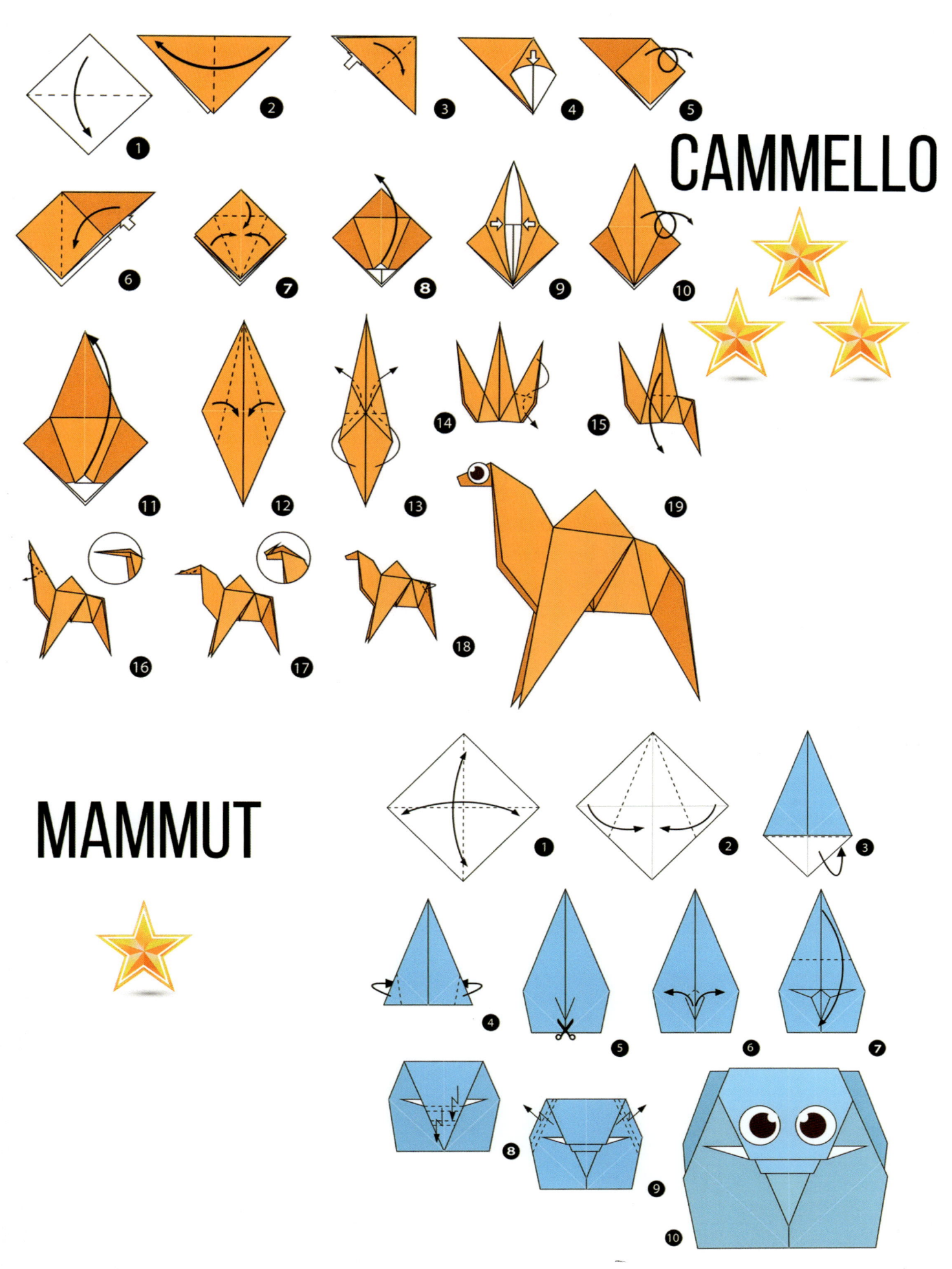

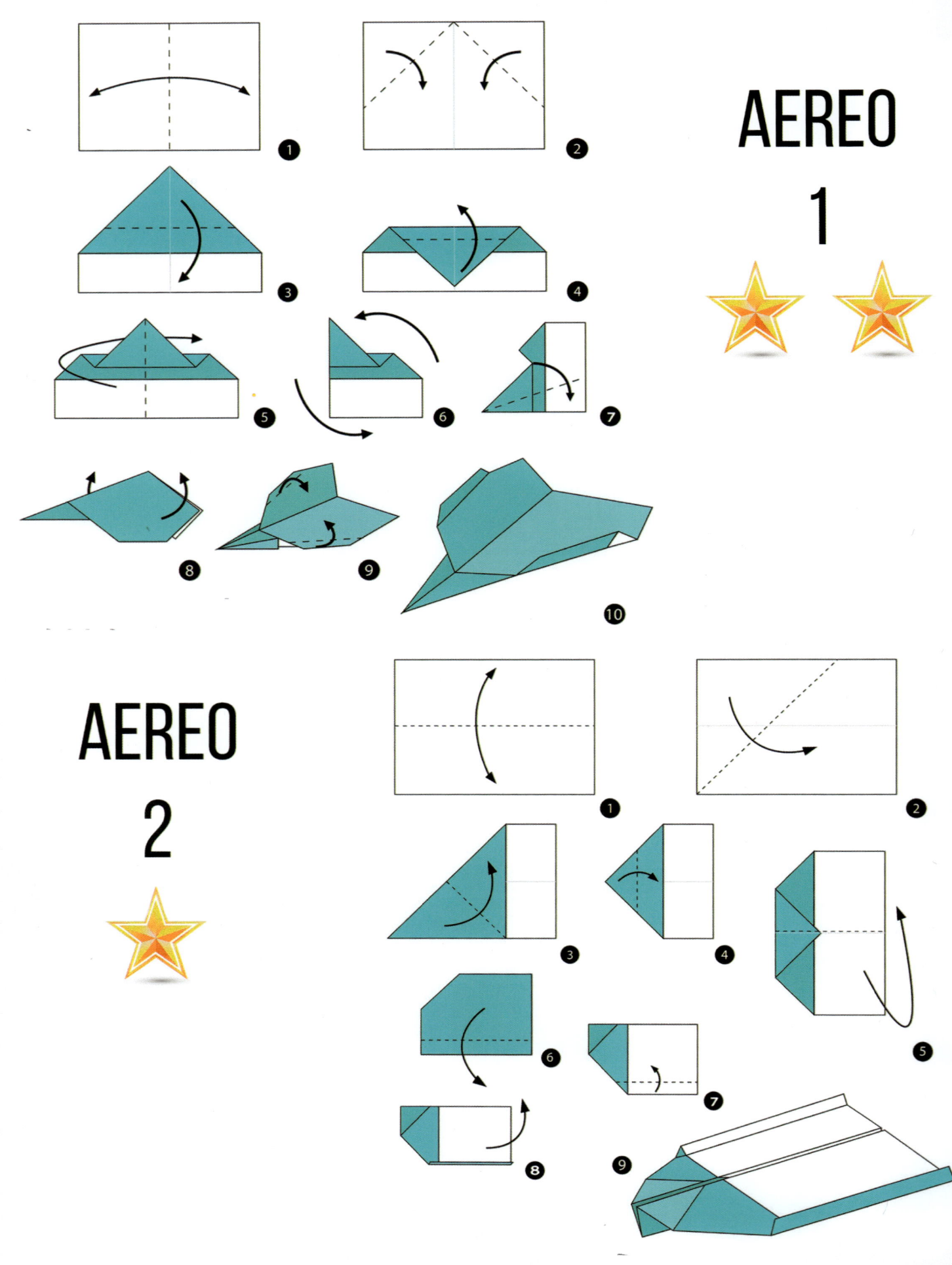

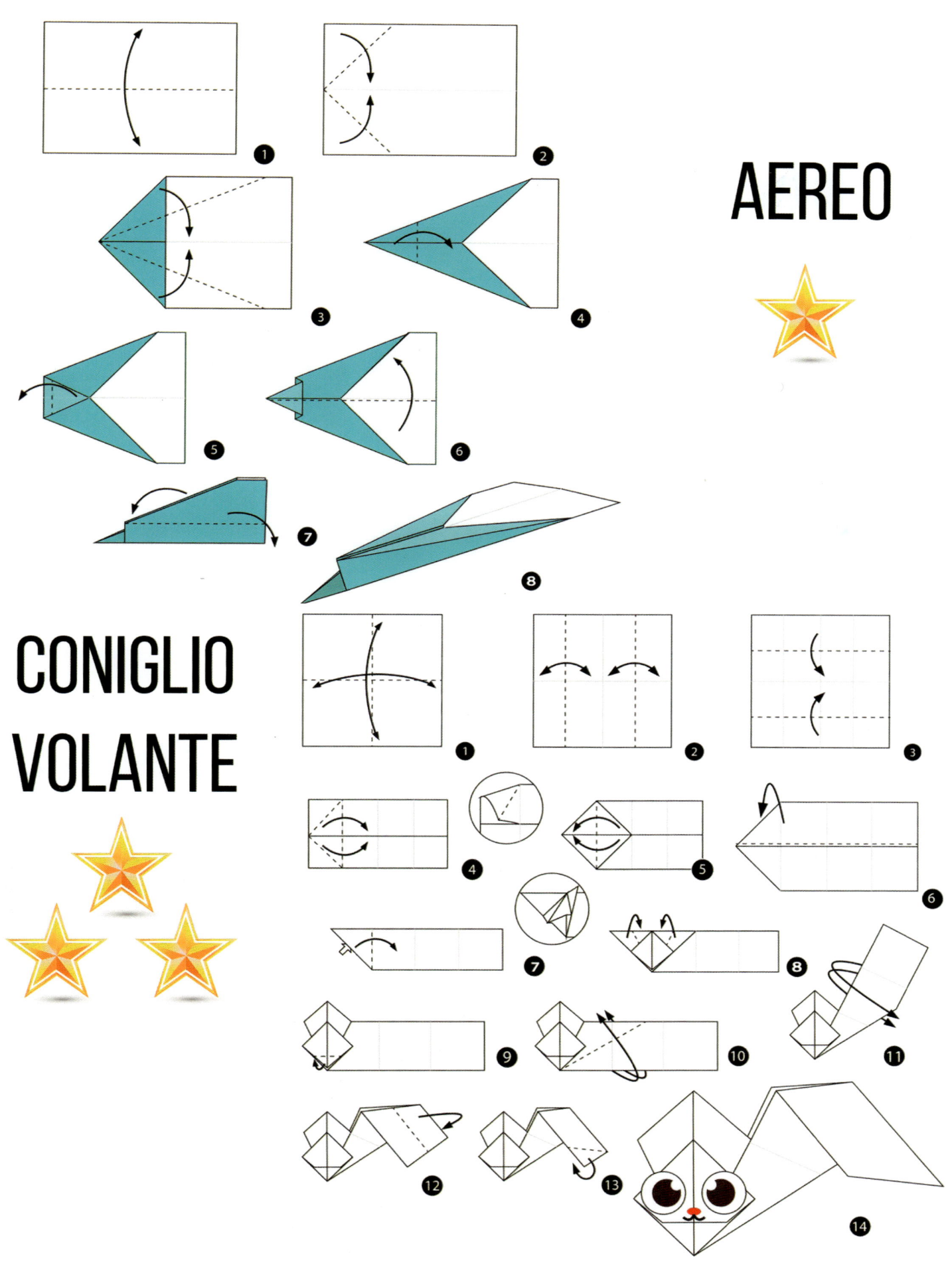

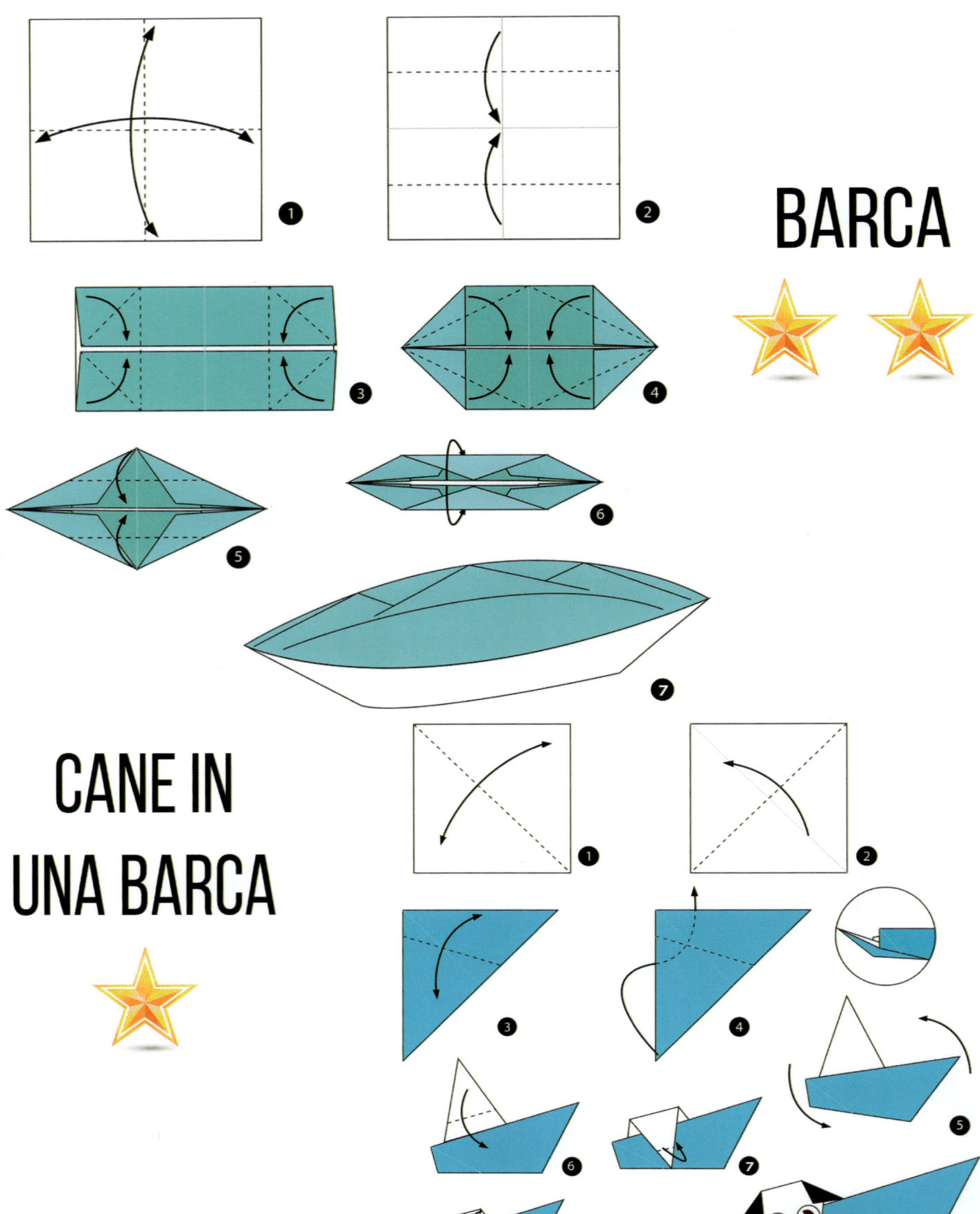

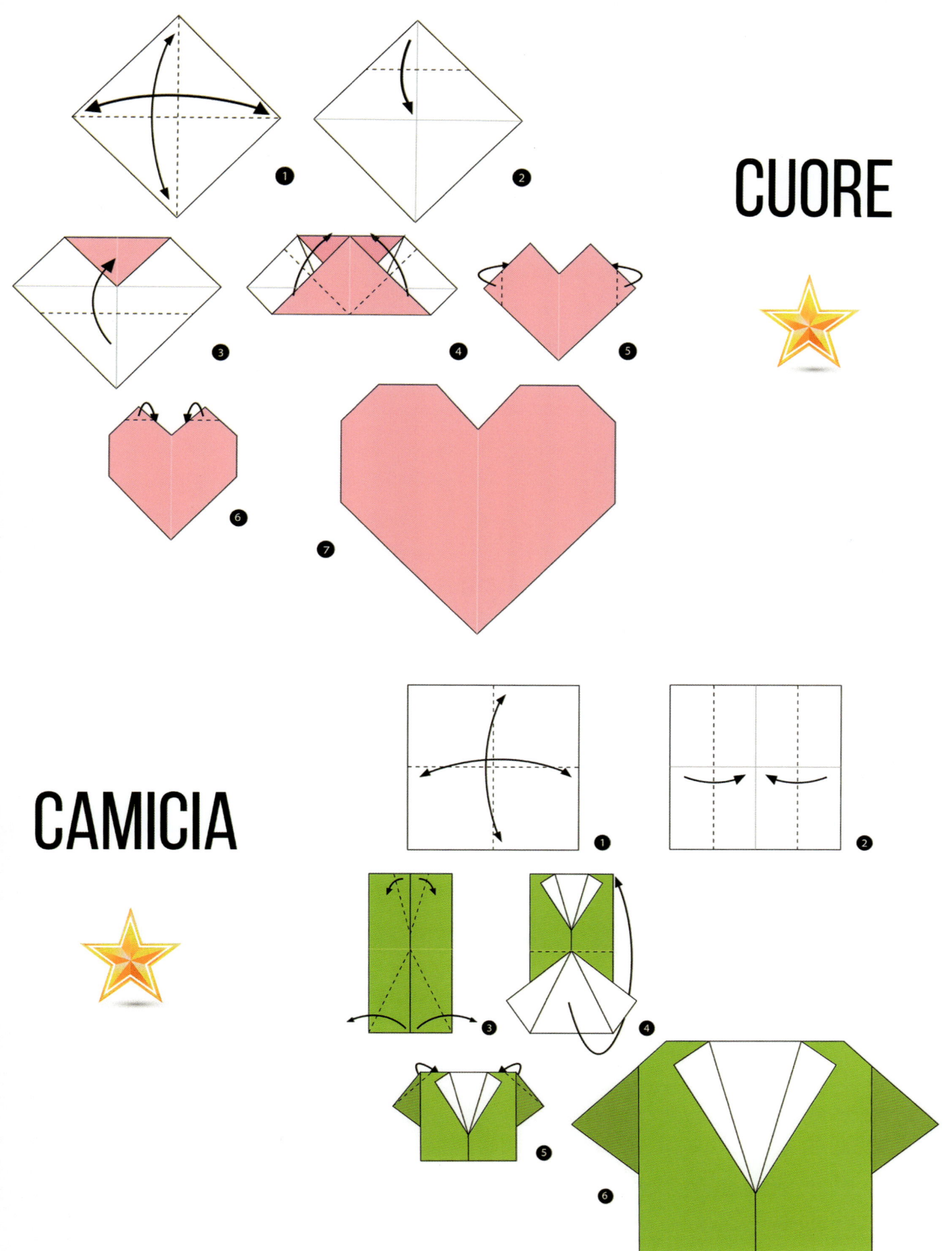

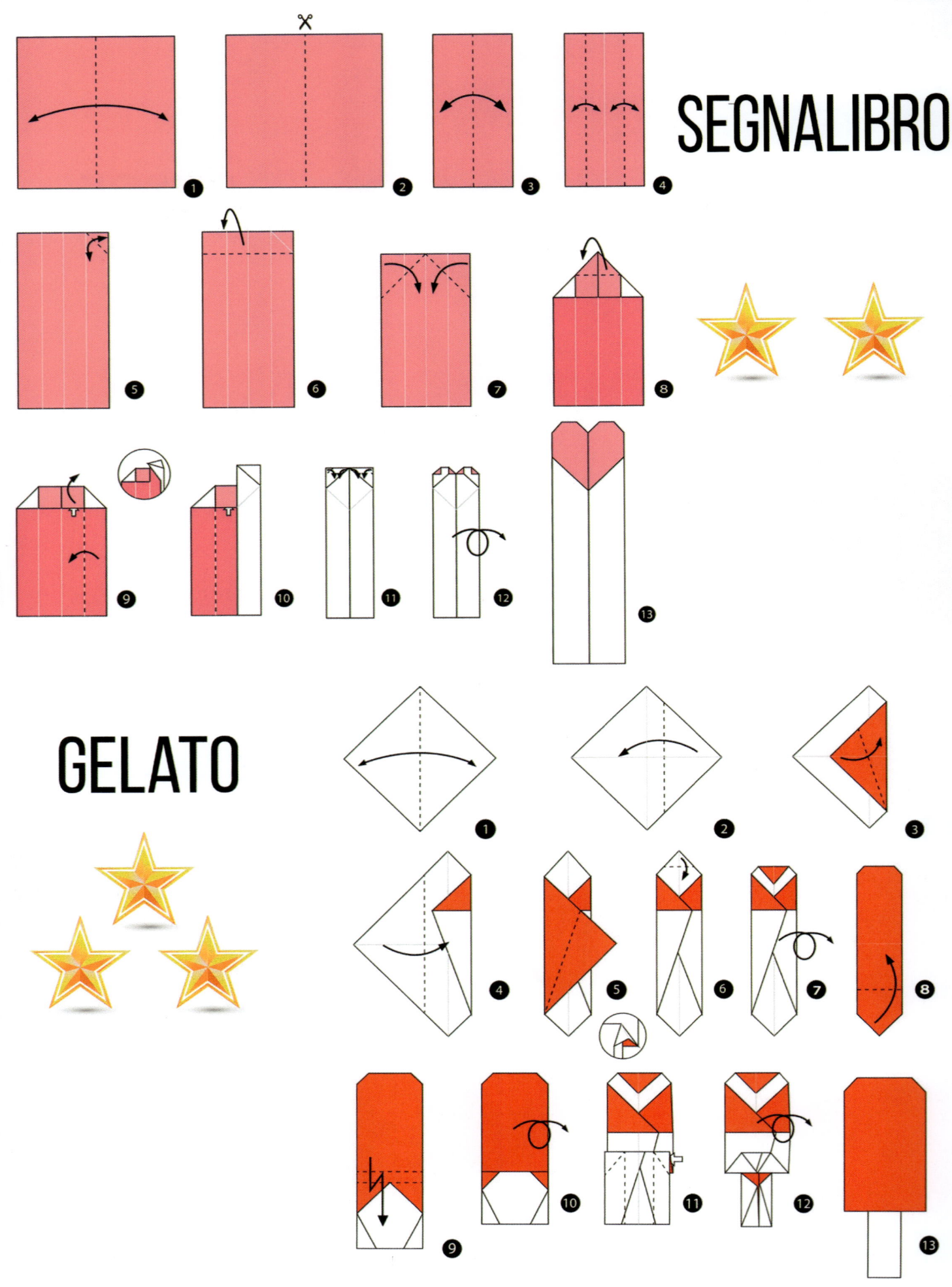

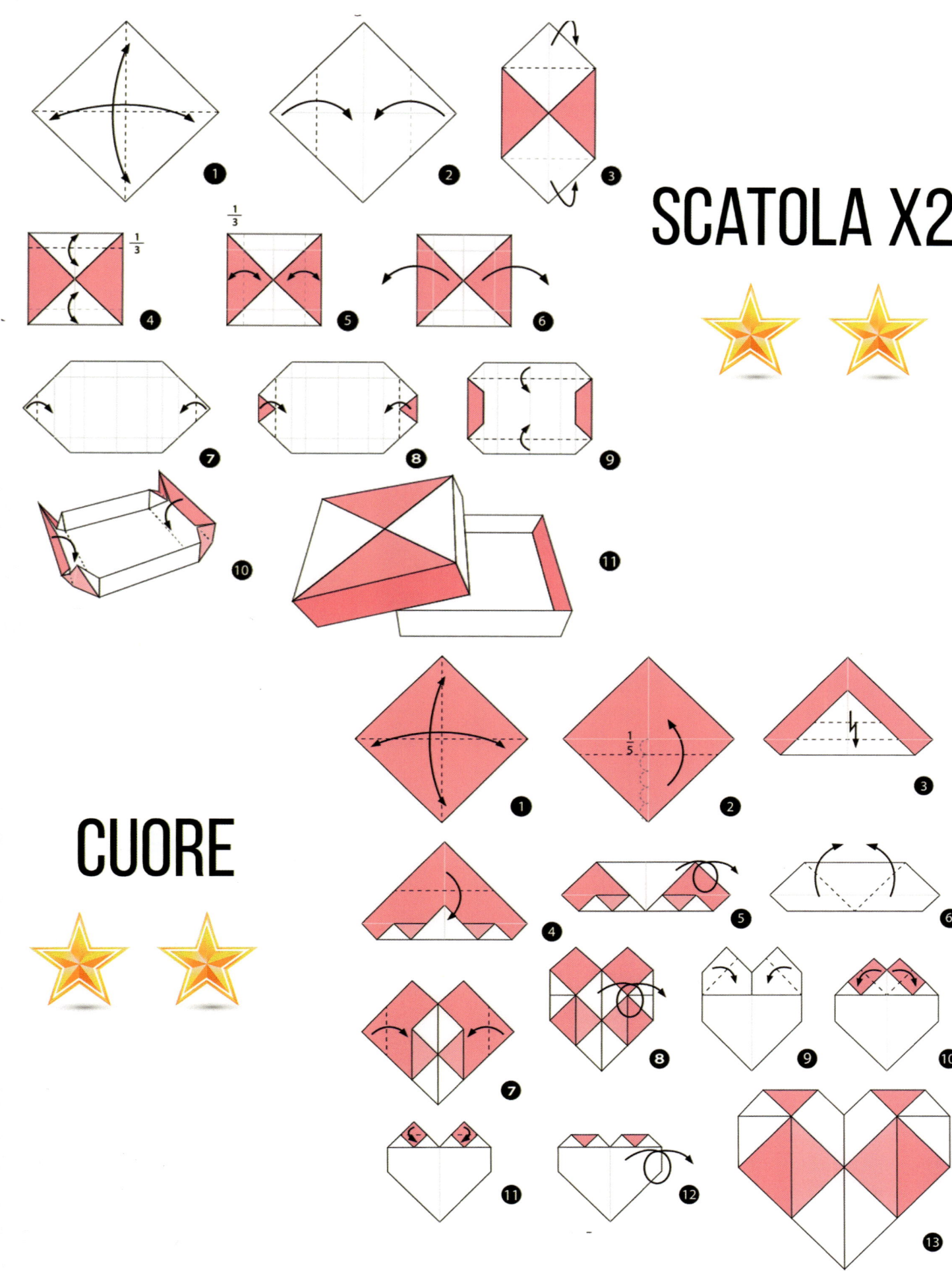

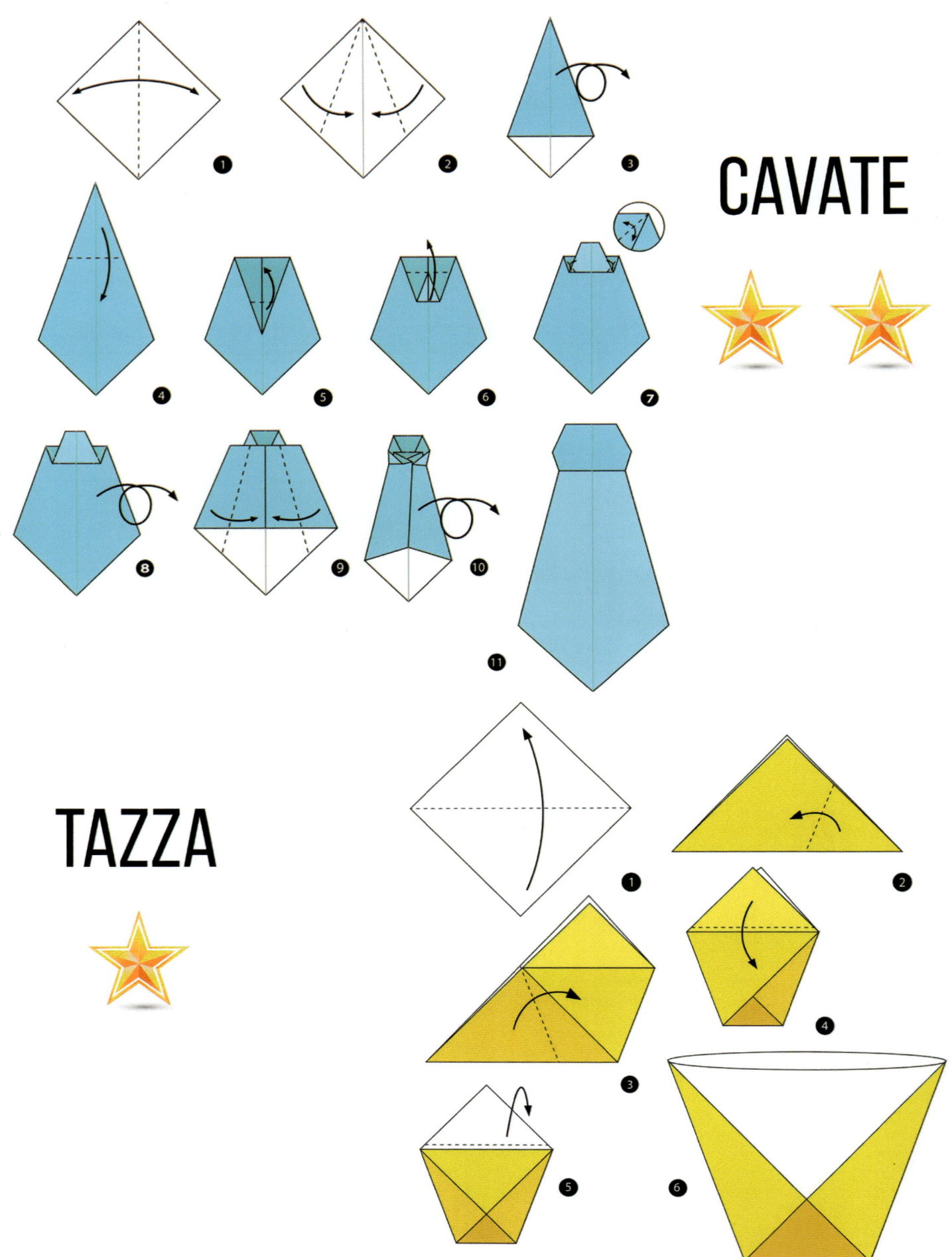

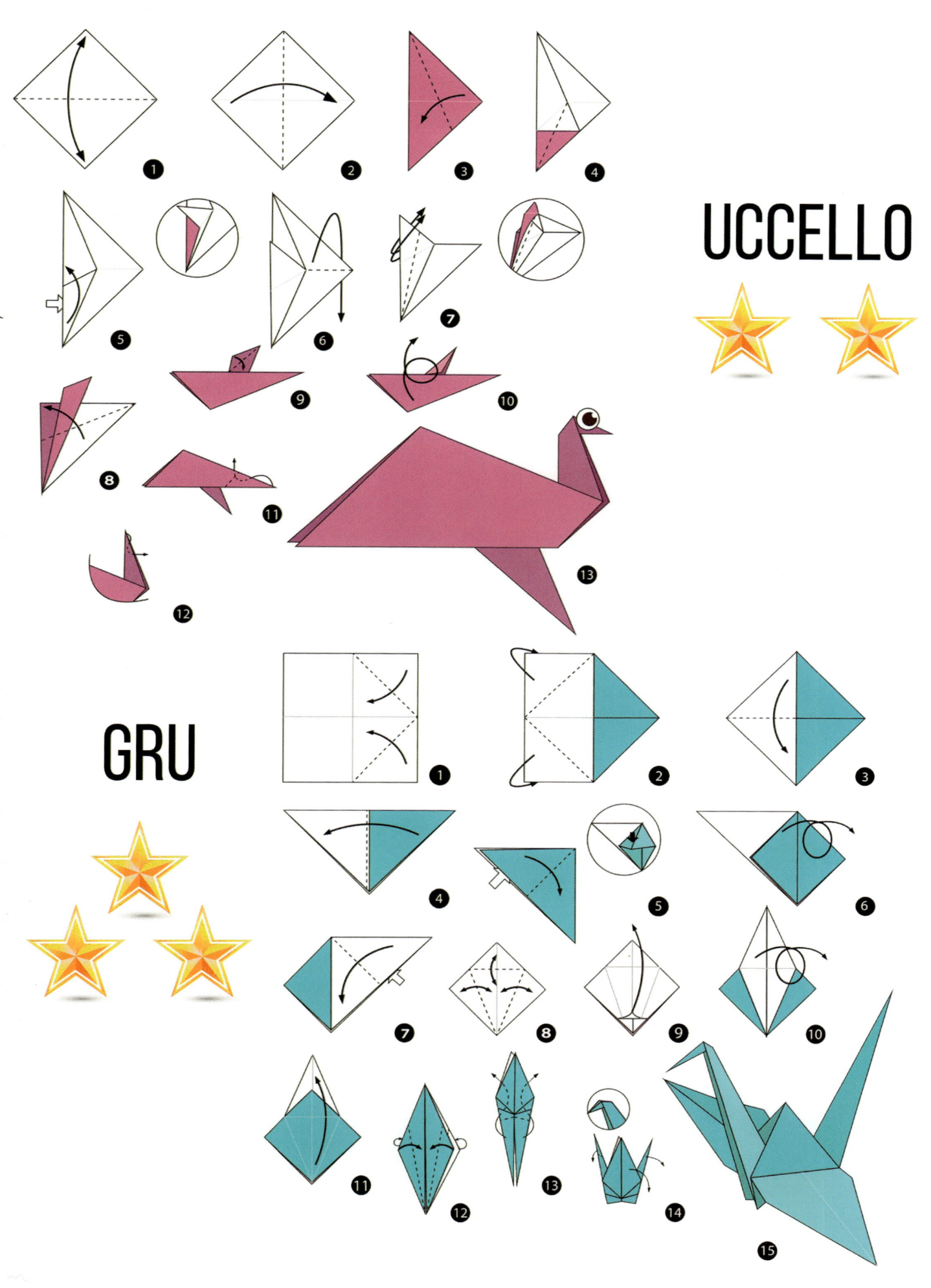

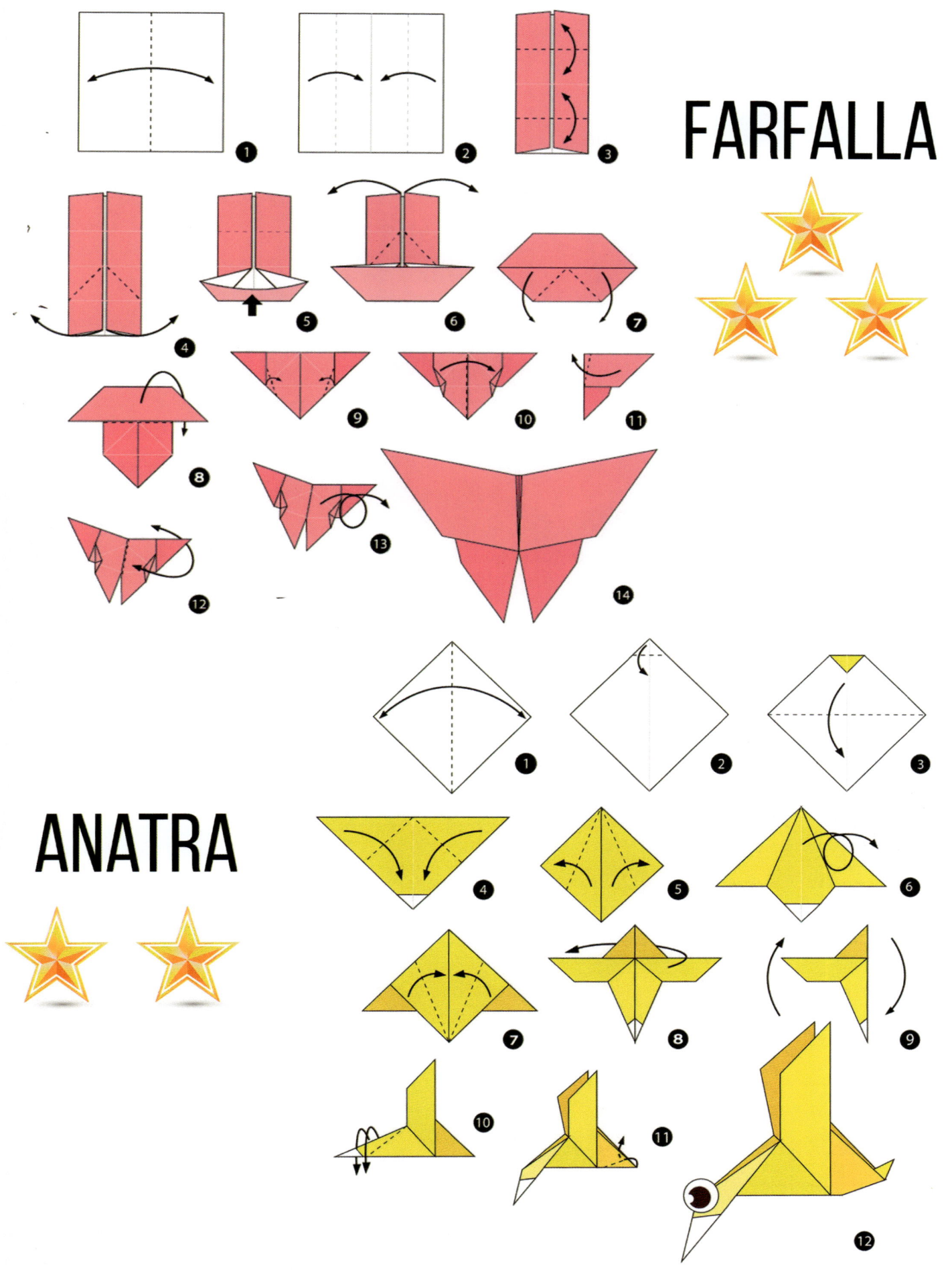

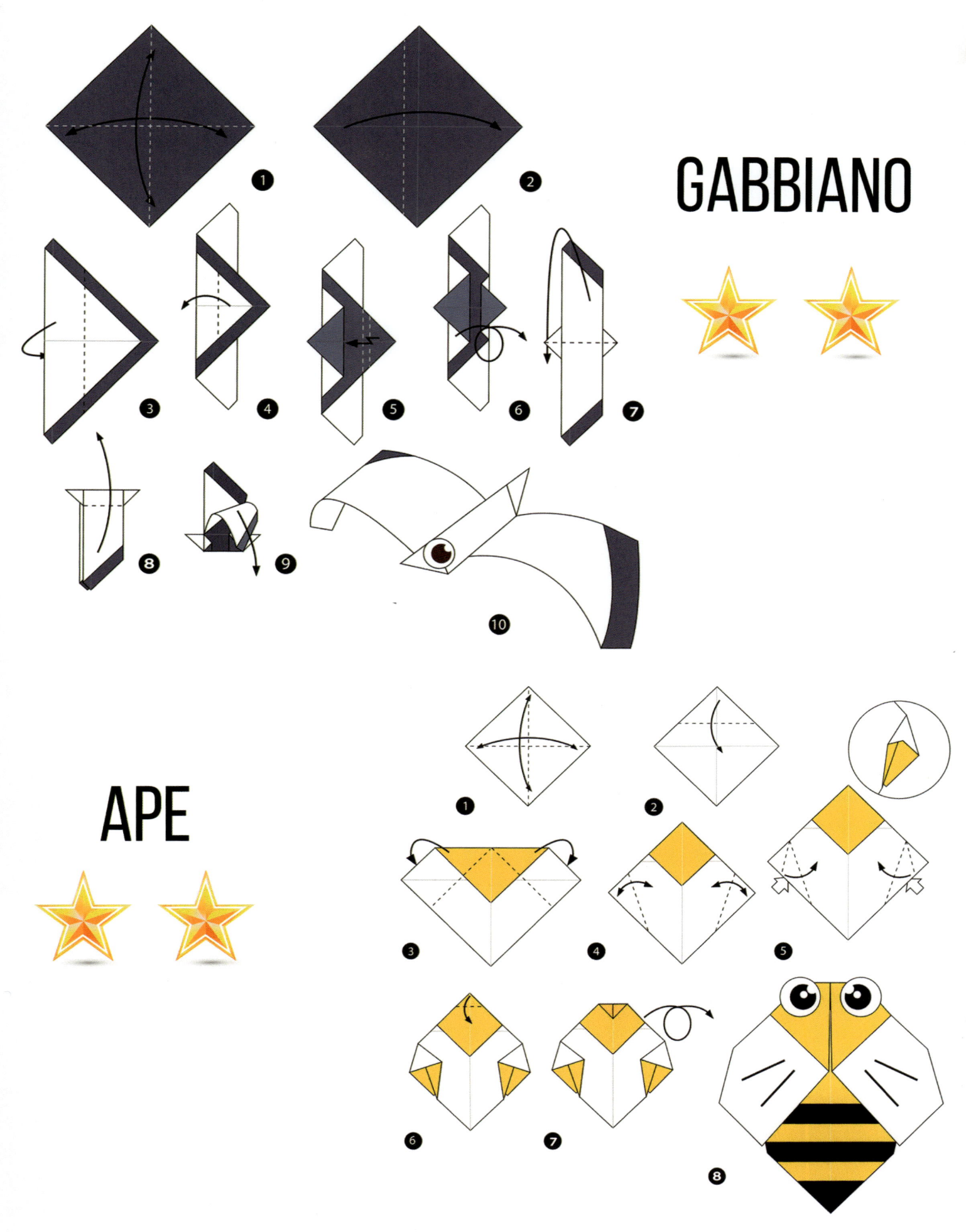

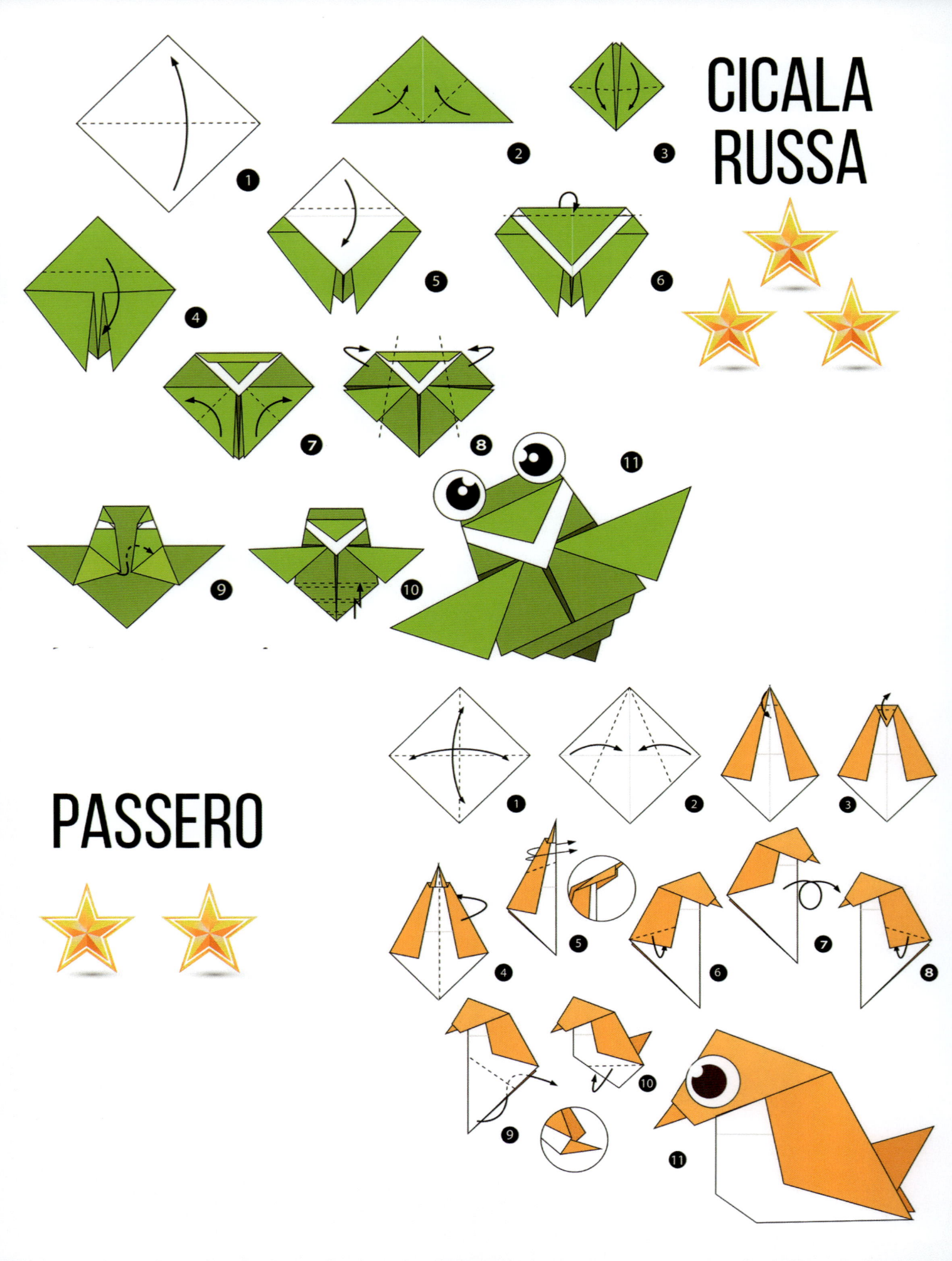

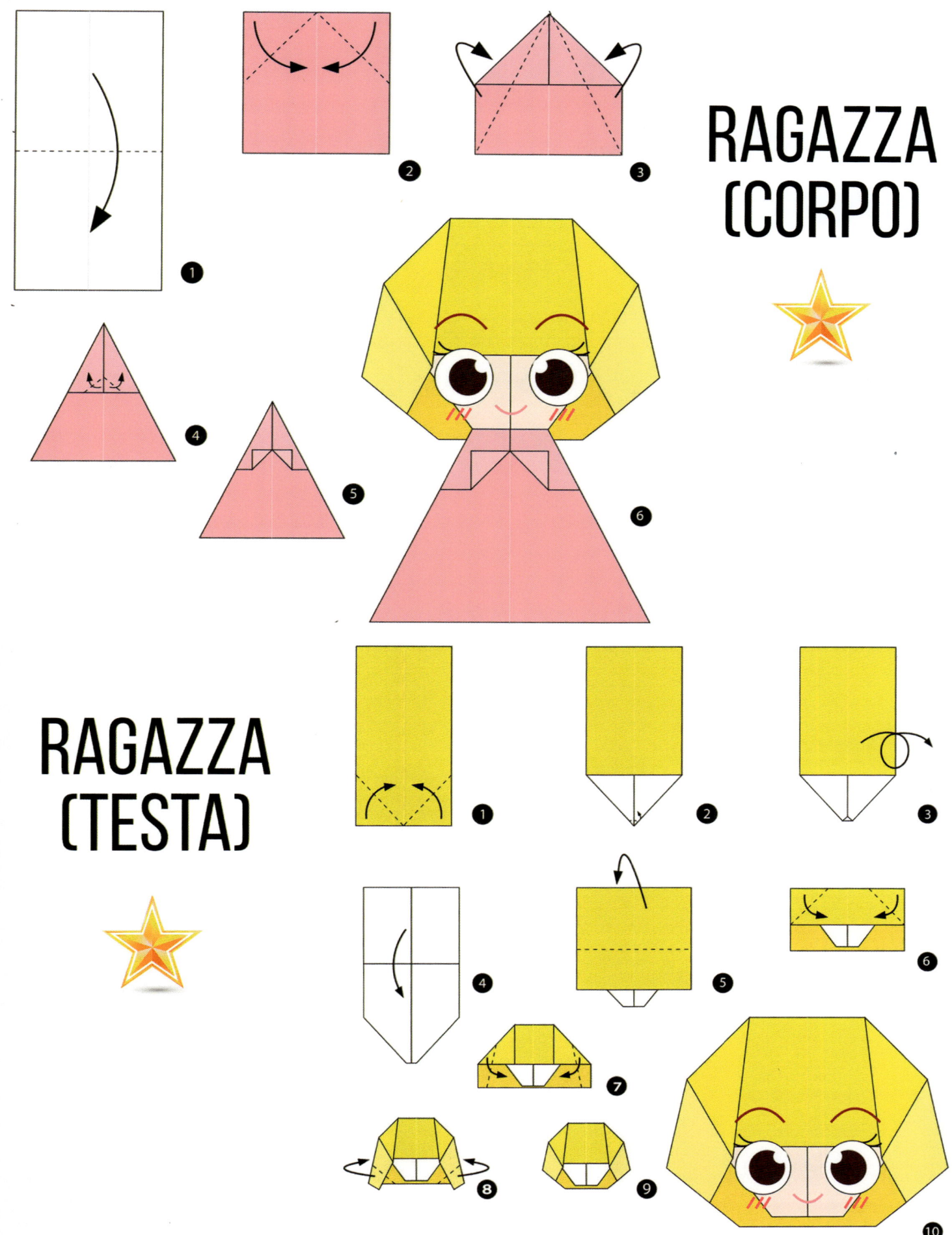

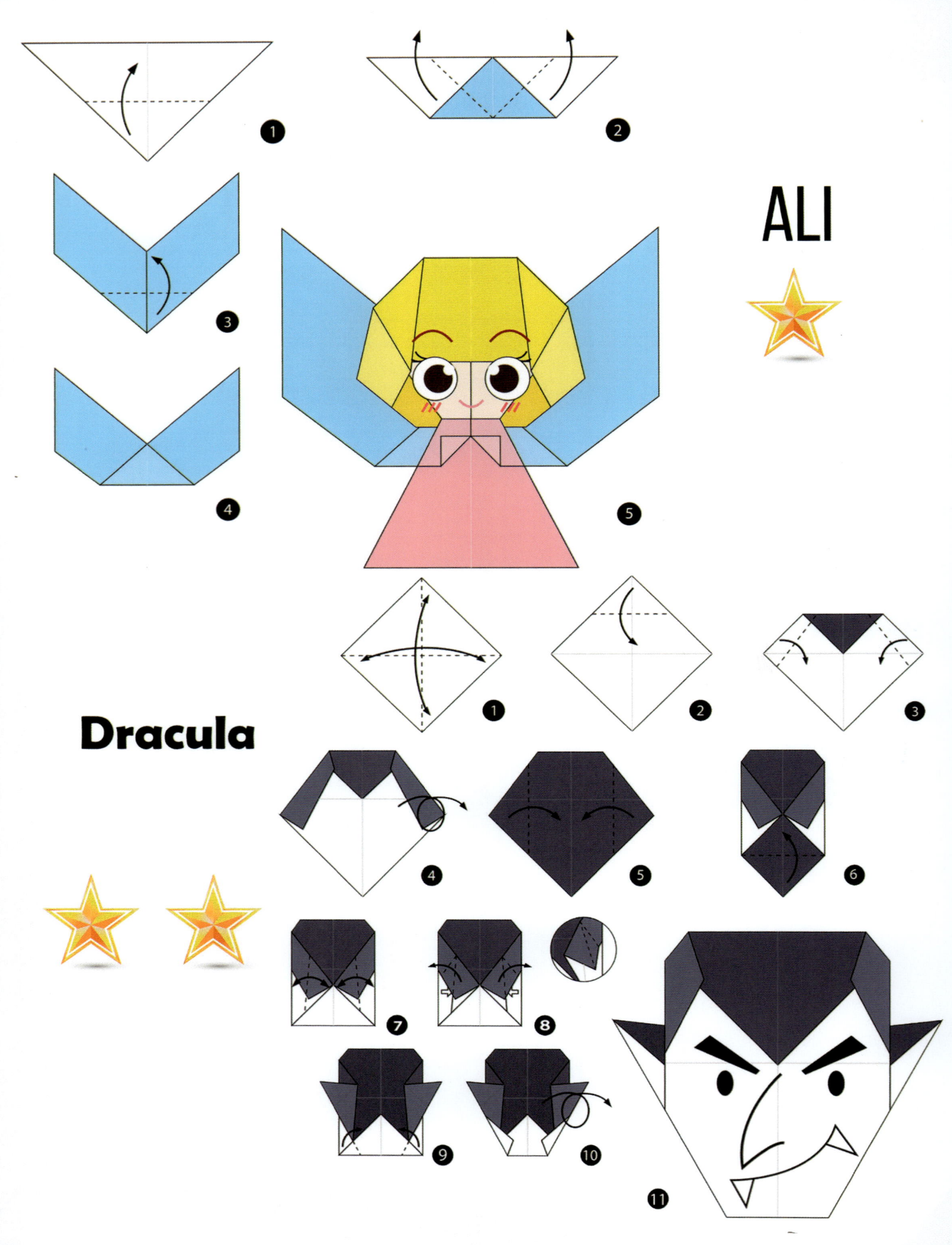

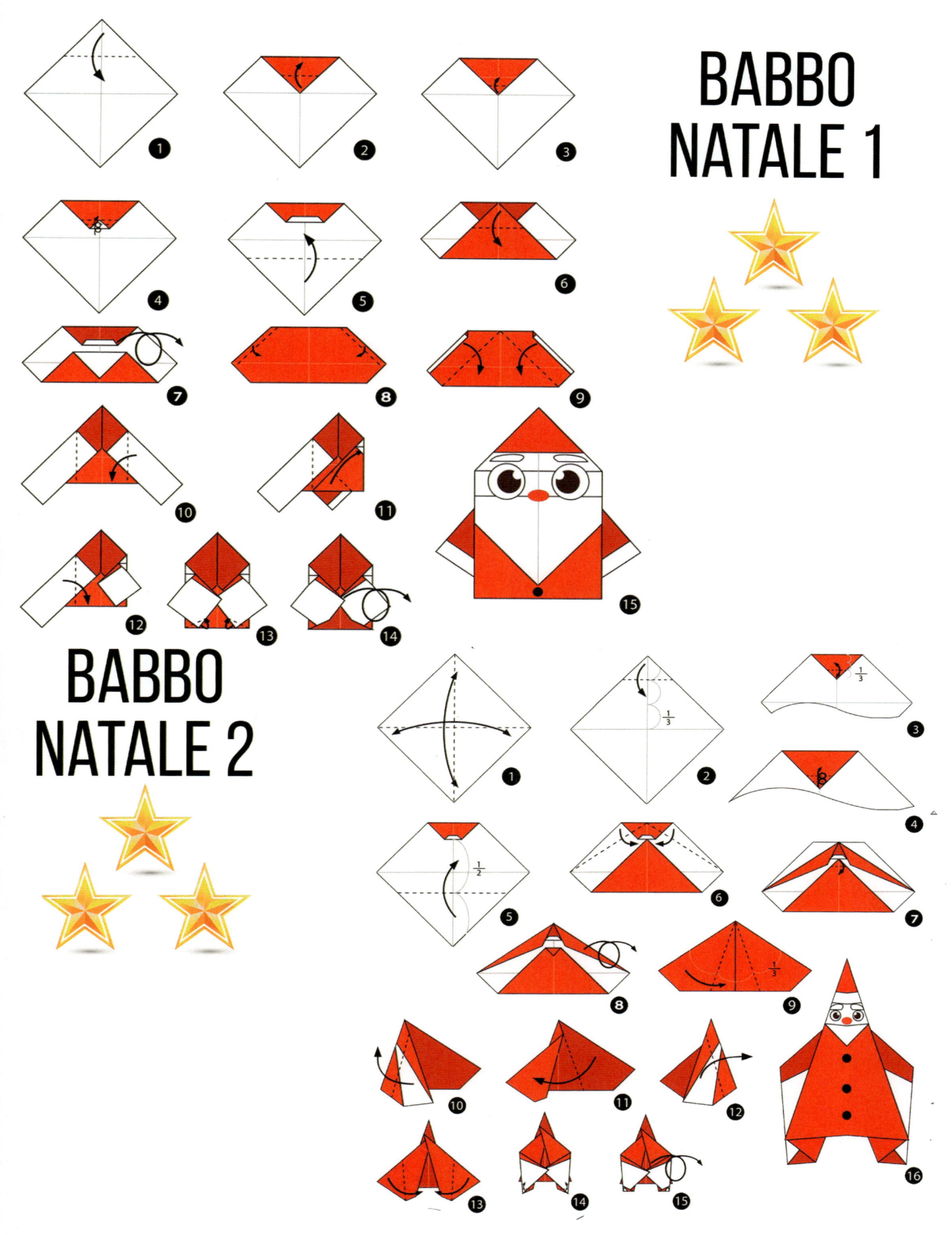

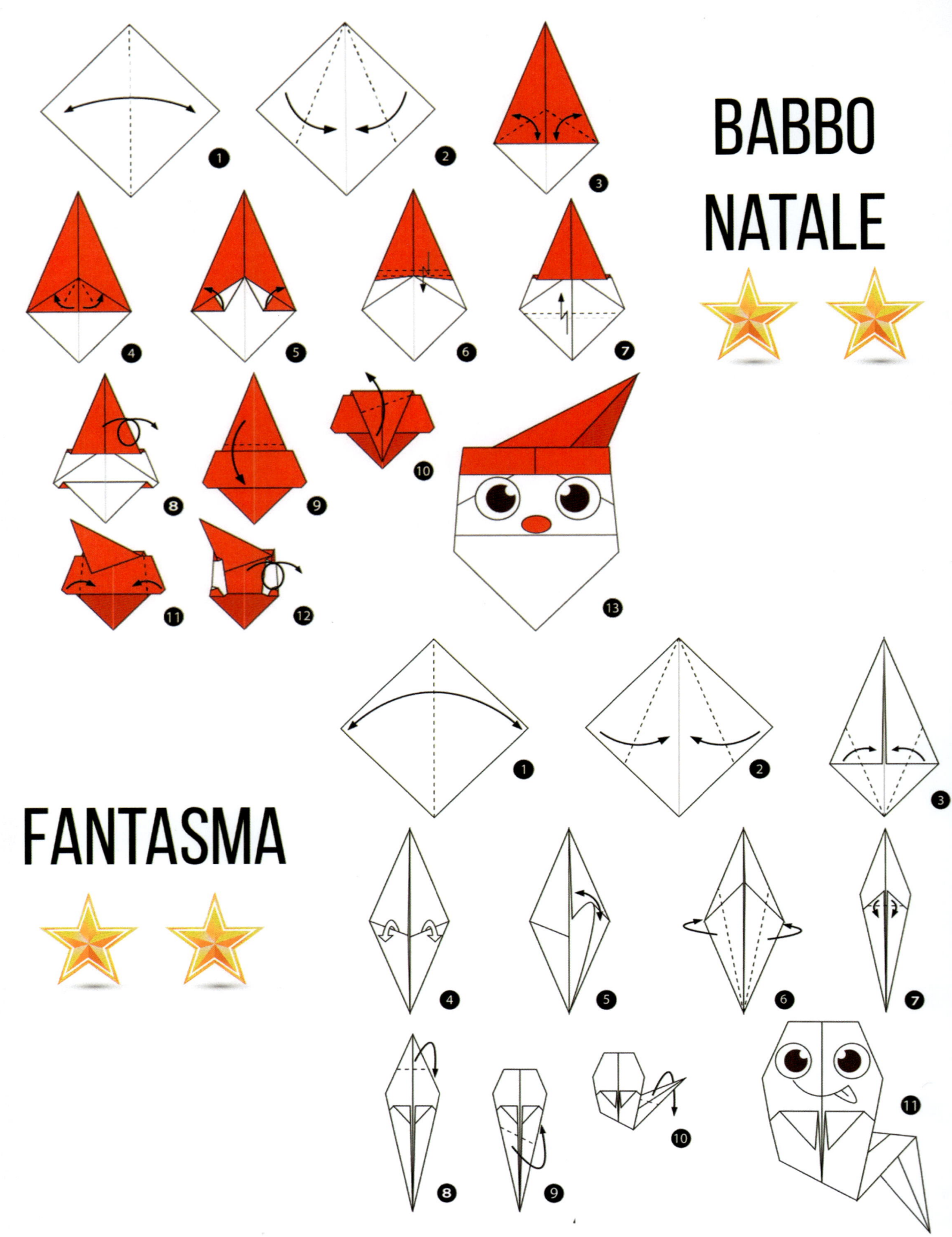

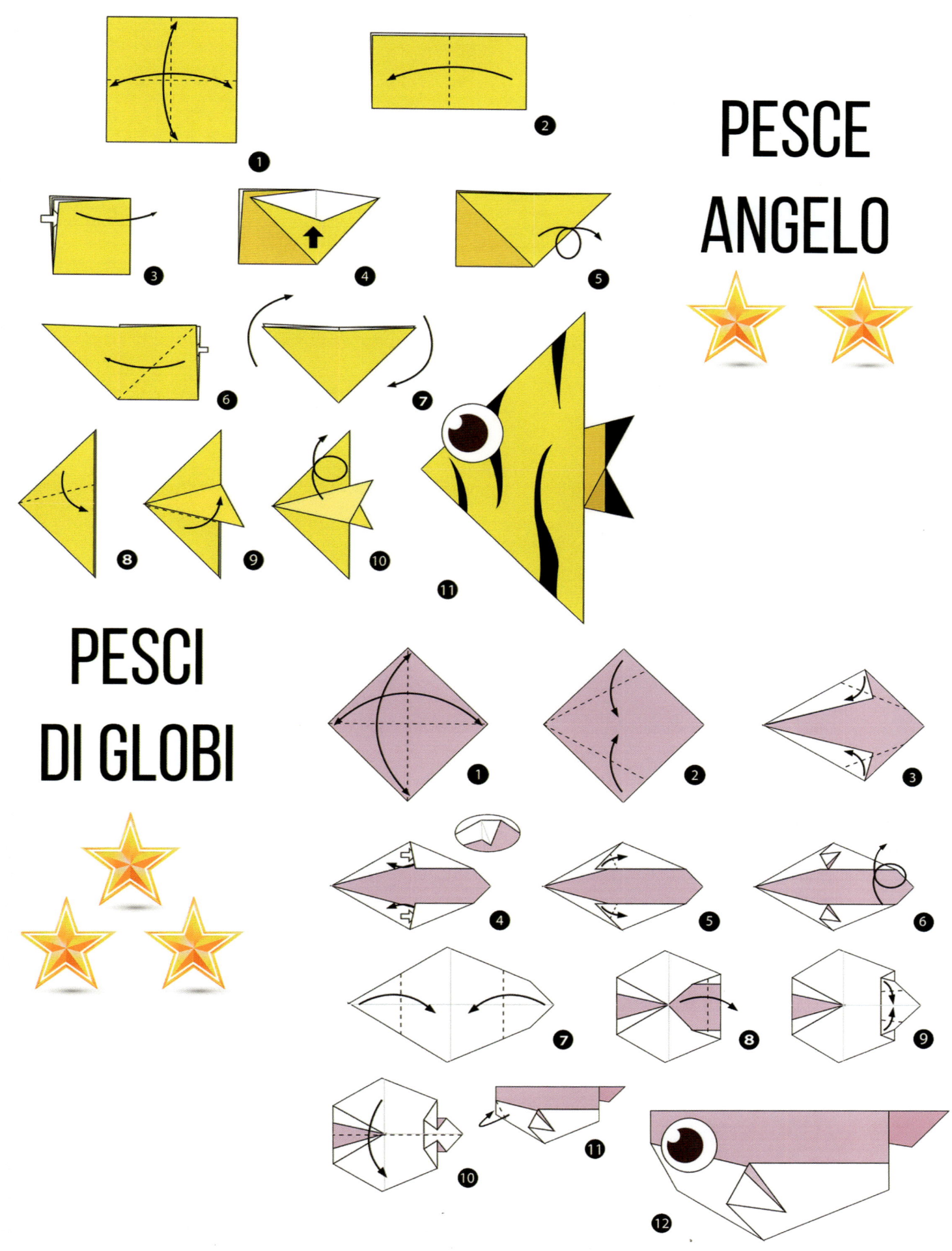

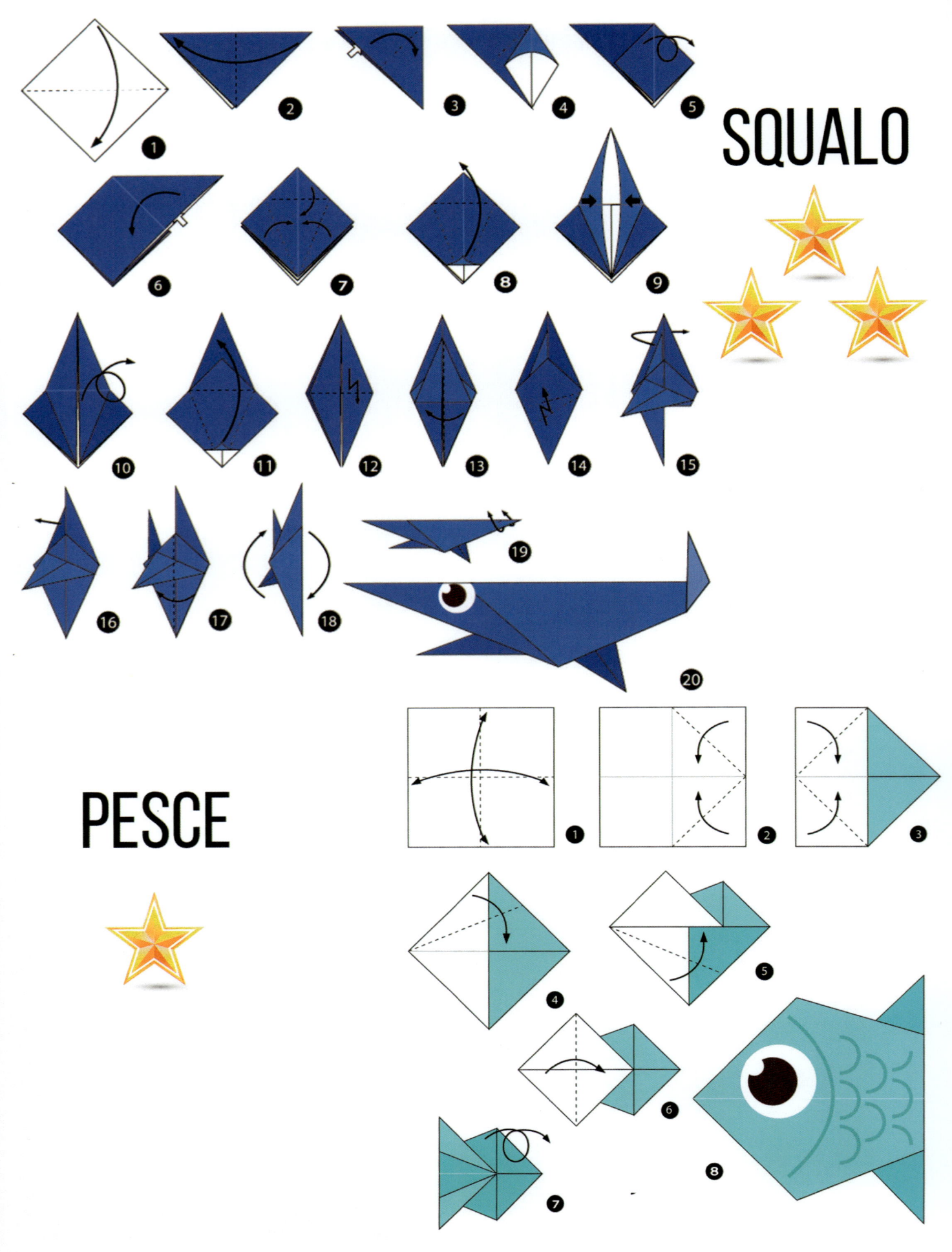

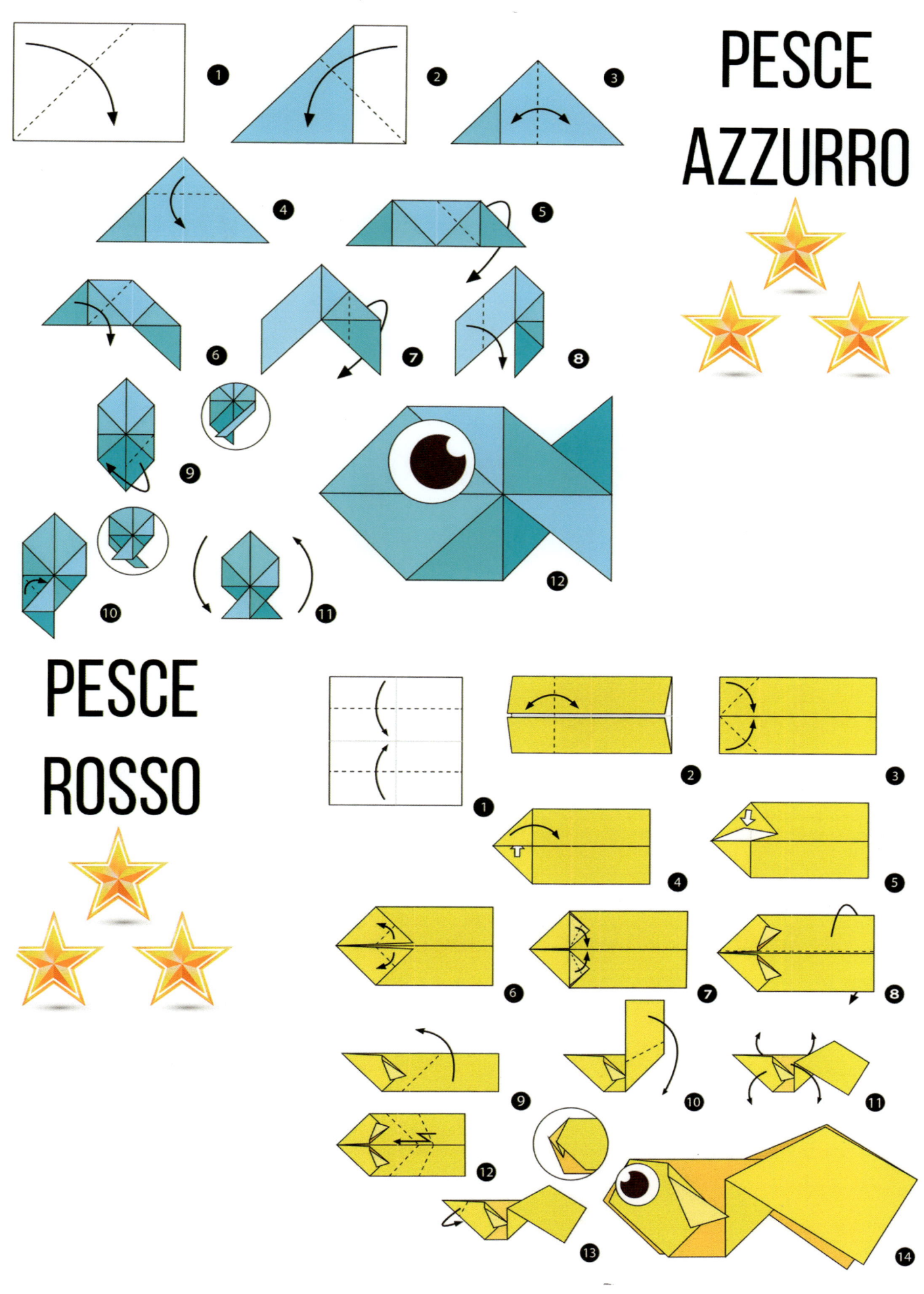

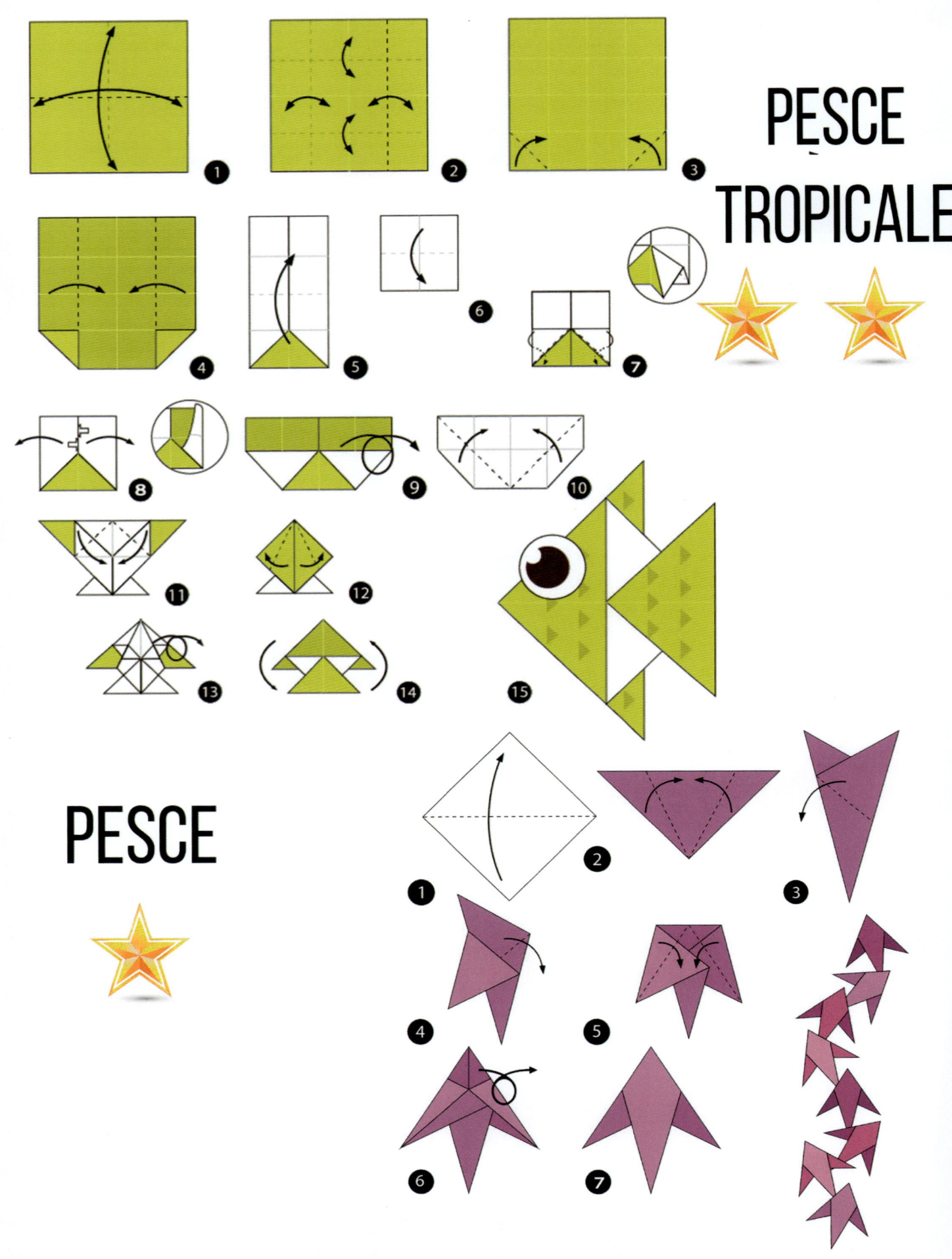

Printed in Great Britain
by Amazon